Patricio y Yolanda

JOHN MASON

PREGUNTAS QUE

ABREN RESPUESTAS

Editorial
RENUEVO

PREGUNTAS QUE ABREN RESPUESTAS

por John Mason

ISBN: 978-1-937094-85-0

Publicado por Editorial RENUEVO

www.EditorialRenuevo.com
info@EditorialRenuevo.com

CONTENIDO

Se ha dicho que se puede juzgar a un hombre por sus preguntas –más que por sus respuestas. Creo que estás donde estás hoy en día por las preguntas que te has hecho.

La diferencia entre la gente exitosa y la que no lo es, es que la gente que ha alcanzado el éxito ha formulado mejores preguntas; por consiguiente, ha tenido mejores resultados. Tu vida depende de indagar las preguntas correctas para llegar a ser lo que quieres ser.

¿Haces suficientes preguntas o te conformas con lo que sabes?

En este libro te presento 40 preguntas claves, que sé te darán respuestas para tu vida y tus negocios. Las citas famosas de la Biblia: «…No tienen porque no piden…» y «Porque todo el que pide, recibe;…» *(Santiago 4:2, Mateo 7:8)* son tan reales hoy como lo eran hace más de 2,000 años.

¿Qué preguntas están dándole forma a tu vida?

1

¿Cuándo fue la última vez que te sorprendiste a ti mismo?

La vida es demasiada corta para pensar en pequeñeces. Joel Budd nos anima con esta expresión: «Marcha hacia lugares desconocidos». La mayoría de las personas podrían hacer más de lo que piensan que pueden hacer, pero usualmente hacen menos de lo que piensan que pueden hacer. Nunca sabrás lo que no puedes hacer hasta que lo intentes.

Oscar Wilde acertó al decir: «La moderación es una cosa fatal. Nada triunfa tanto como el exceso». Todo es posible –nunca uses la palabra nunca. Charles Schwab lo afirmó así: «Cuando un hombre ha puesto un límite a lo que hará, entonces ha puesto un límite a lo que puede hacer».

El Dr. J.A. Holmes lo valida con este pensamiento: «Nunca le digas a un joven que algo no se puede hacer; puede ser que Dios ha estado esperando durante siglos por alguien, que sea lo suficientemente ignorante de los imposibles, para hacer exactamente eso». Si devalúas tus sueños, ten por seguro que el mundo los desvalorizará. Los líderes extraordinarios rara vez son 'realistas' con los estándares de la demás gente.

La respuesta para tu futuro se encuentra más allá de los límites que tienes en estos momentos. ¿Quieres saber si realmente puedes nadar? No te frustres quedándote en aguas poco profundas. Cavett Robert lo conceptuó así: «Cualquier hombre que escoja una meta en la vida, la cual pueda ser completamente alcanzable, ya ha definido sus propias limitaciones». Más bien, sé como Art Sepúlveda aconseja: «Sé uno que hace historia y que sacude al mundo». Ve hacia donde jamás hayas estado antes.

Ronald McNair dijo: «Comienzas a ser un ganador cuando estás dispuesto a caminar fuera de tu zona de seguridad». La Biblia dice: «Lo que es imposible para el hombre, es posible para Dios» *(Lucas 18:27, NVI)*. ¡Todo es posible! ¡Quita las barreras!

Cuando te subes a lo más alto de un árbol, te ganas el derecho a tomar el mejor fruto. Dag Hammarskjold nos llama a la siguiente reflexión: « ¿Será la vida tan miserable? Más bien, ¿no serán tus manos demasiado pequeñas y tu visión confusa? Eres tú el que debe crecer.». Gloria Swanson nos desafía: «Nunca digas 'nunca'; porque si vives lo suficiente, no podrás vivir con sus restricciones. 'Nunca' es mucho tiempo, 'nunca' es para siempre, y la vida esta tan llena de ricas posibilidades como para restringirla con tus nunca».

Para creer que una idea es imposible, hay que hacer que sea imposible. Considera cuántos fantásticos proyectos han sido frustrados a causa de pensar en pequeño; o han sido estrangulados desde su nacimiento por una cobarde imaginación. Me gusta lo que respondió Mirabeau cuando escuchó la palabra 'imposible': «Nunca más me permitas volver a escuchar esa absurda palabra».

Pearl Buck puntualizó: «Todas las cosas son posibles hasta que se prueba que son imposibles; Incluso lo imposible podría ser, solamente hasta en ese momento». John Ruskin afirmó: «Sueña grandes sueños, porque así como tú sueñes, así será en lo que te conviertas. Tu visión es la promesa de lo que al fin verás realizado». Recuerda que siempre hay alguien que está haciendo lo que alguien más dijo que no se podía hacer. ¡Atrévete a tener pensamientos extraordinarios!

Desarrolla la capacidad infinita para ignorar lo que otros dicen que no se puede hacer. No solamente crezcas donde fuiste plantado. Florece donde estás plantado y da fruto. Daniel Webster precisó: «Siempre hay lugar en la cima». Nadie puede predecir a qué altura puedes llegar. Incluso tú lo sabrás, solamente hasta que extiendas tus alas.

El poeta Spirella escribe:

«No hay emoción alguna en navegar cuando los cielos están despejados y azules;

no hay gozo suficiente en solamente hacer las cosas que cualquier hombre suele hacer.

Pero hay una satisfacción majestuosamente dulce…

Cuando alcanzas un destino que pensaste jamás podrías alcanzar».

¡CONOCE TUS LÍMITES, LUEGO IGNÓRALOS!

2

¿Quiénes son las cinco personas con quienes pasas más tiempo? ¿Están ayudándote a crecer o a estancarte?

«Dime con quién andas, y te diré quién eres» (*Anónimo*); reza la famosa frase. El simple pero verdadero hecho de la vida, es que tú llegas a ser como esos con quienes estás estrechamente relacionado –para bien o para mal.

«Si andas con lobos, aprenderás a aullar». «Si te relacionas con águilas, aprenderás a elevarte a grandes alturas». Ciertamente, es una contradicción que nos advierte que entre menos te relaciones con ciertas personas (aquellas apáticas y negativas), más y más vas a mejorar tu vida. Casi todos nuestros pesares vienen como consecuencia de nuestra relación con las personas equivocadas, así como también muchas alegrías vienen como resultado de mantener relaciones apropiadas. «Mantente fuera de la succión causada por aquellos que marchan hacia atrás» *(E.K. Piper)*.

Cada vez que toleras la mediocridad en otros, incrementas tu mediocridad. Nuestra oración debería ser: «Señor, líbrame de esas personas que no hablan de otra cosa más que de enfermedades y fracasos. Más bien, concédeme la compañía de aquellos que piensan en el éxito y que trabajan para conseguirlo». Un proverbio búlgaro puntualiza: «Si te encuentras a ti mismo dando dos pasos hacia delante y un paso hacia atrás, es porque invariablemente tienes relaciones mezcladas en tu vida». Si un holgazán no es una molestia para tu vida, es una señal de que, de alguna manera, tú mismo eres holgazán. Un atributo importante en la vida de la gente exitosa es su impaciencia con la gente que piensa y actúa negativamente.

Un verdadero amigo es aquel que está ahí para cuidarte y animarte. Se ha dicho que un buen amigo es como una mente en dos cuerpos. Robert Lewis Stevenson dijo con mucho acierto: «Un amigo es un regalo que tú te das a ti mismo». Un verdadero amigo continúa siendo un amigo, no obstante pienses que no lo mereces. Un amigo estará contigo, aún cuando los demás piensen que dejaste de ser un amigo.

La sabiduría de Proverbios declara: «Más confiable es el amigo que hiere que el enemigo que besa» *(Proverbios 27:6, NVI)*. Escoge cuidadosamente tus relaciones. Este viejo refrán es muy cierto: «El que se acuesta con perros, se levanta con pulgas»; y recuerda: «El que entre la miel anda, mas de algo se le pega».

Nunca te hagas amigo de alguien con quien concuerdas

en cosas negativas. Más bien, encuentra amigos con quienes coincides en cosas positivas. «Mi mejor amigo es el hombre que siempre tiene buenos deseos para mí y siempre está deseándome lo mejor» *(Aristóteles)*. La Biblia declara: «El hierro se afila con el hierro, y el hombre en el trato con el hombre» *(Proverbios 27:17, NVI)*. Tus verdaderos amigos aguzarán tu vida; te animarán y aligerarán tus pasos. Un amigo verdadero ve más allá de lo que tú puedes ser. Thomas Carlyle lo evalúa justamente: «Muéstrame al hombre a quien honras, y sabré qué clase de hombre eres; eso me demostrará cuál es tu ideal de hombría y qué clase de hombre anhelas ser».

Si tuvieras que hacer un inventario de tus mayores ganancias, recursos o fortalezas, el dinero estaría en la lista de los menos importantes; mientras que algunos de tus recursos más grandes serían las personas que conoces. Mi amigo Mike Murdock dijo: «Siempre hay alguien observándote, capaz de bendecirte grandemente». Estoy convencido de que Dios bendice a personas por medio de personas. Él tiene las amistades correctas para tu vida. Un verdadero amigo ve en ti todo lo que puedes llegar a ser.

Considera lo que Francesco Guicciardini dijo: «Puesto que no hay nada tan valioso como tener amigos, nunca pierdas la oportunidad de hacer los correctos».

UN AMIGO VERDADERO ES LA MEJOR POSESIÓN.

PREGUNTA

3

Si tú no eres tú, entonces... ¿Quién crees que llegarás a ser?

«Si Dios me hubiera querido diferente, me habría creado diferente» *(Goethe)*. Atrévete a ser quien eres. Decide ser tú mismo. Un proverbio congolés lo explica de esta manera: «La madera puede permanecer diez años en el agua, pero nunca llegará a ser cocodrilo». La Biblia dice: «¿Puede el etíope cambiar de piel o el leopardo quitarse sus manchas?» *(Jeremías 13:23a, NVI)*. Julius Hare aconseja: «Sé quien tú eres. Este es el primer paso para convertirte en alguien mejor».

Cuenta la anécdota: «Mi madre me decía: 'Si te haces soldado, serás un general. Si te haces monje, terminarás siendo Papa'. En lugar de eso, me hice pintor y me convertí en Picasso». Nadie ha llegado a ser grande imitando a otros. No seas la copia de algo. Deja tu propia huella.

«La curiosa paradoja es que cuando me acepto a mí mismo tal como soy, entonces puedo cambiar» *(Carl Rogers)*. Los caminos desgastados son para hombres desgastados. Friedrich Klopstock comentó: «Aquel que no tiene una opinión de sí mismo, sino depende de la opinión y los gustos de otros, es un esclavo». El solo hecho de soñar con la persona que se supone quieres llegar a ser, es desperdiciar la persona que eres. Nadie es tan infeliz o sufre de tanta desilusión y frustración, como la persona que toda su vida anhela ser alguien que realmente no es.

La persona que se sacrifica a sí misma para encajar con las demás personas, se destruirá gradualmente. Todas las personas son creadas y dotadas de igual manera por el Creador, con un poderoso impulso de convertirse en algo más. Si tú no tienes un plan para tu propia vida, solamente llegarás a ser parte del plan de alguien más. No puedes andar llevando dos caras bajo un mismo sombrero. Nunca desees ser alguien más que no seas tú mismo. Como lo expone André Gide: «Es mejor ser odiado por lo que eres, que ser amado por lo que no eres».

«Todas las personas desdichadas que conozco, están tratando de ser alguien que no son, haciendo algo que no pueden hacer» *(David Grayson)*. Cuando no te atreves a ser tú mismo, pierdes la total confianza en ti mismo.

La mayoría de las luchas en nuestra vida vienen como resultado de no conocernos a nosotros mismos, e ignorar nuestras mejores y verdaderas virtudes. Hay solamente una vida para cada uno de nosotros –la nuestra. La persona que camina sobre las huellas de alguien más, nunca marcará las propias. Como escribió André Gide: «Un hombre es más interesante que los hombres. Es él, singularmente, a quien Dios hizo a Su imagen. Cada uno es más precioso que todos». John

Mills lo enfatiza así: «Todas las cosas buenas que existen son el fruto de la originalidad». Doris Mortman advirtió: «Hasta que no te pongas en paz con quien eres, nunca estarás contento con lo que tienes».

La mayoría de las personas viven toda su vida desconociéndose totalmente a sí mismos. No permitas que eso te suceda. Leo Buscaglia hace esta exhortación: «Lo más fácil de ser en el mundo es ser tú mismo; lo más difícil de ser es lo que otra gente quiere que seas. No permitas que te pongan en esa posición». Lo opuesto al valor no es el temor, es la conformidad. Lo más agotador y frustrante que hay en la vida es vivirla tratando de ser alguien más.

IMITACIÓN ES LIMITACIÓN.

4

¿Sientes hoy alguna diferencia con el ayer?

Deberías sentir un cambio…aunque fuese sólo un poco. De no ser así, estás inmóvil.

'Cambio'. Espero no te asuste esta palabra, más bien te inspire. Herbert Spencer lo califica así: «Un ser vivo se diferencia de algo muerto por la multiplicidad de cambios que se desarrollan a cada momento». Cambio es la evidencia de vida. Es imposible crecer sin cambiar. Aquellos que no pueden cambiar su manera de pensar, no pueden cambiar nada. La verdad es que la vida da vueltas y muchas veces nos lleva de regreso a un punto determinado.

La gente quiere progresar sin tener que sufrir cambios. ¡Imposible! Tú tienes que cambiar y reconocer que el cambio es tu gran aliado. La persona que nunca cambia su manera de pensar, nunca corrige sus errores. De hecho, el camino hacia el éxito siempre está en construcción.

La fórmula para el éxito de ayer, es a menudo la receta

para fracasar en el futuro. Considera lo que Thomas Watson, el fundador de la Corporación IBM, dijo en 1943: «Hay una demanda de mercado, aproximadamente, para cinco computadoras». ¿Dónde estaría hoy IBM si el señor Watson no hubiera estado dispuesto al cambio?

Si permaneces como estás, no lograrás llegar a ser lo que estás destinado a ser. John Patterson lo expresó con estas palabras: «Sólo los necios y los muertos no cambian de idea. Los necios no lo harán; los muertos no pueden». Si no respetas la necesidad de cambiar, considera lo siguiente: ¿cuántas cosas has visto que han cambiado en el año pasado solamente?

Cuando tú cambias, las oportunidades también cambiarán. La misma clase de pensamientos que te han llevado hasta donde estás, no necesariamente te conducirán hacia donde quieres llegar. Sante Boeve descubrió esta verdad: «Hay personas a quienes su reloj se les detuvo a cierta hora, y así ha permanecido, estancado en el tiempo».

No le temas al cambio, porque es una ley inalterable del progreso. El hombre que usa los métodos de ayer en el mundo de hoy, no estará en los negocios del mañana. Un tradicionalista es simplemente una persona cuya mente está siempre abierta a nuevas ideas; siempre y cuando sean las mismas de siempre. «Hay personas que no solamente se esfuerzan por mantenerse estáticos, sino que además se esfuerzan para mantener todo lo demás de la misma manera... su posición es absurdamente desesperanzadora» *(Odell Shepard)*.

Mignon McLaughlin lo presenta de este modo: «La gente más infeliz es la que más le teme al cambio». Cuando rompemos con patrones y tradiciones, juntamente con ello, llegan nuevas oportunidades. Defender tus fallas y errores solamente prueba que no tienes intención de dejarlas. El progreso es para aquellos que no están satisfechos con dejar las cosas como están. No le temen al 'cambio'.

EL CAMBIO NO ES TU ENEMIGO — ES TU AMIGO.

PREGUNTA

5

El niño que fuiste ayer, ¿Estaría orgulloso del hombre que eres hoy?

El carácter es el fundamento más valioso dentro del éxito. Una muy buena pregunta que debes hacerte a ti mismo es: ¿Qué clase de mundo sería éste si todos fueran exactamente como yo? Tú eres, principalmente, un libro abierto contándole al mundo acerca de su autor. John Morely lo expone así: «Ningún hombre puede escalar más allá de las limitaciones de su propio carácter».

Algunas personas tratan de hacer algo para ellas mismas. Otras tratan de hacer algo de sí mismas. Tryon Edwards puntualmente escribió: «Los pensamientos nos dirigen a propósitos; los propósitos se convierten en acciones; las acciones forman hábitos; los hábitos deciden el carácter, y el carácter determina nuestro destino». La Biblia declara: «Vale más la buena fama que las muchas riquezas, y más que oro y plata, la buena reputación,…» *(Proverbios 22:1, NVI)*.

Nunca te avergüences de hacer lo correcto. Marco

Aurelio exhortó: «Nunca estimes que algo es ventajoso si hace que rompas tu palabra o pierdas tu dignidad». W.J. Dawson aconsejó: «No es necesario que elijas el mal; solamente falla en elegir lo bueno y te desviarás lo suficientemente rápido hacia el mal. No necesitas decir: 'yo seré malo'; simplemente con decir: 'no elijo la opción de Dios', y la elección del mal ya está resuelta». No existe tal cosa como 'un mal necesario'. Phillips Brooks escribió: «Un hombre que vive bien y tiene razón, tiene más poder en su silencio, que otro tenga por sus palabras».

La reputación del carácter en un hombre no sería reconocida si se mantiene oculta. Sin embargo, para mostrar tu carácter debes comenzar por el centro de control –el corazón. Cuando un hombre pierde el total interés hacia sus obligaciones morales, su caída es inevitable.

Henry Ward Beecher explicó este principio: «Ningún hombre puede evidenciar si es rico o pobre, mostrando su billetera. Lo que hace rico a un hombre es su corazón. Se es rico por lo que se es, no por lo que se posee». Vive de manera que tus amigos te defiendan, evitando, sin embargo, que jamás tengan que hacerlo. Considera lo que Woodrow Wilson sabiamente dijo: «Cuando te preguntes: ¿Qué puedo hacer por la gente? Ten por seguro que tu carácter te dará la respuesta…». La excelencia en el carácter se demuestra haciendo en lo secreto lo que haríamos a la vista del mundo entero.

Déjame plantearte esta pregunta: ¿Dónde estás comprometido? Deberías crecer como un árbol, no del tamaño de un hongo. Es difícil escalar alto, cuando tu carácter es bajo. El sermón más corto del mundo es predicado por una señal de tránsito: *manténgase a la derecha.*

VIVIR UNA DOBLE VIDA TE LLEVARÁ DOS VECES MAS RÁPIDO A NINGÚN LADO.

6

¿Cuál es el peor consejo que has recibido?

Para tener éxito en la vida, tienes que vencer los muchos esfuerzos de otros por traerte abajo. De todas las decisiones que tomas, una de las más importantes es cómo responderás a las críticas.

El primer y gran mandamiento en cuanto a los críticos es: *No permitas que te asusten.* Justamente lo describe Charles Dodgson: «Si limitas tus acciones en la vida a cosas donde no quepa la menor posibilidad de encontrar un error, no harás mucho». Los logros significativos jamás se han llevado a cabo sin controversias o sin críticas. Cuando tú permites que las palabras de otras personas te detengan, ten por seguro que sí te detendrán.

Christopher Morley da una clave: «La verdad es que el que critica es como ese gong en el cruce del ferrocarril: resuena estridentemente y en vano, mientras el tren sigue su marcha». Muchas grandes ideas han sido desaprovechadas, porque las personas que las tuvieron no pudieron lidiar con la crítica, y se dieron por vencidas. Un crítico es simplemente alguien que encuentra fallas sin tener la evidencia que justifique su crítica. Una de las cosas más fáciles de encontrar es el error. «Las personas más insignificantes son aquellas que tienden a ridiculizar a los demás. Creen que están a salvo de los desquites, y no tienen esperanza de levantar su auto-estima más que degradando a su prójimo» *(William Hazlitt)*. El criticón no solamente supone lo peor, sino que hace que lo malo parezca peor.

Dennis Wholey advirtió: «Esperar que el mundo te trate justamente porque eres una buena persona, es casi como esperar que un toro no te ataque porque eres vegetariano». Fred Allen acertadamente dice: «Si la crítica tuviera un poder real para hacer daño, el zorrillo ya se hubiera extinguido». Recuerda esto acerca de un criticón: Un hombre que siempre está pateando, muy raramente tiene una pierna para pararse. «Las mentes grandes hablan de ideas, las mentes promedio hablan de eventos, y las mentes pequeñas hablan de gente» *(Eleanor Roosvelt)*.

La fragilidad a tomar demasiado en serio las críticas, puede ser la misma a convertirte en un criticón. No te permitas a ti mismo convertirte en un criticón. La Biblia aconseja: «No juzguen, y no se les juzgará» *(Lucas 6:37a, NVI)*. Harás una montaña de un grano de arena cuando tires lodo a otra persona, y no hay lodo que ensucie más, que el que tú tiras a otras personas. El que tira barro nunca quedará con las manos limpias.

No puedes labrar tu camino hacia el éxito con comentarios hirientes. Nunca podrás moverte hacia arriba si continuamente estás humillando a alguien. Estoy de acuerdo con lo que dice Tillotson: «No hay manera más segura de que un hombre ponga en duda su propio valor, que mediante el esfuerzo por disminuir el valor de otros hombres». Henry Ford hizo esta comparación: «Los hombres y los automóviles son muy parecidos. Algunos se sienten como en casa subiendo una empinada, otros funcionan sin problema sólo cuando están yendo cuesta abajo. Cuando escuches que hay un ruido constante, es una clara señal de que algo malo hay bajo el capó».

Recuerda esto: si tienes miedo de las críticas, morirás haciendo nada. Si deseas un lugar en el sol, da por sentado que tendrás ampollas y arena golpeará tu rostro. La crítica es un halago cuando sabes que estás haciendo lo correcto.

CUANDO CREAS TU MARCA EN LA VIDA, SIEMPRE ATRAERÁS BORRADORES.

PREGUNTA

7

¿Por qué? ¿Por qué no? ¿Por qué no tú? ¿Por qué no ahora?

«Mi decisión es quizás –y es definitivo». ¿Eres tú así? Ser decidido es esencial para tener una vida exitosa. Si te niegas al compromiso que tienes contigo mismo, ¿qué harás con tu vida? Cada logro, grande o pequeño, comienza con una decisión.

Elección, no casualidad, es lo que determina el destino. No puedes conseguir darle un golpe a la pelota si tienes el bate en tu hombro. Nunca se ha lograda algo grande, sin antes haber tomado una decisión. Mucha gente va por la vida sin saber lo que quiere, pero convencida de que algo le falta. Herbert Prochnow lo dijo así: «Hay un momento en el que debemos ser firmes al elegir el camino que vamos a seguir; de no ser así, un cúmulo de acontecimientos tomarán la decisión por nosotros, irremediablemente».

Muchas personas son como las carretillas, tráileres o canoas. Necesitan ser empujadas, jaladas o remadas. Tú estás o empujando a otras personas a tomar decisiones, o ellas te están empujando a ti. Decide hoy mismo que es lo que vas a hacer, para que tu vida sea mejor. ¡La decisión es tuya!

David Ambrose declaró: «Si tienes el deseo de ganar, ya has conseguido la mitad del éxito; si no lo tienes, ya has conseguido la mitad de tu fracaso». Lou Holtz lo expone así: «Si no te comprometes totalmente con lo que sea que estés haciendo, estarás buscando la manera de escapar a la primera gotera que veas en el barco. Es bastante difícil hacer que el barco toque tierra si todos van remando, mas aún, comenzar a remar cuando apenas alguien se está colocando el chaleco salvavidas».

En el momento en que, definitivamente, te comprometes contigo mismo, Dios también actúa. Toda clase de cosas, que de otra manera no hubieran ocurrido, comienzan a suceder a tu favor. Edgar Roberts afirmó: «Cada mente humana es un gran potencial dormido, hasta que es despertada por un fuerte deseo y una clara resolución de actuar». Kenneth Blanchard precisó: «Hay una diferencia entre interés y compromiso. Cuando estás interesado en hacer algo, lo haces sólo cuando es conveniente. Cuando estás comprometido con algo, no aceptas excusas, solamente resultados». La falta de decisión ha causado más fracasos que la falta de inteligencia o habilidad.

Maurice Witzer enfatiza: «Rara vez consigues lo que persigues, a menos que sepas de antemano lo que deseas». Con frecuencia, la indecisión da ventaja a las personas que sí tomaron en serio sus pensamientos y actuaron pronto. Helen Keller lo define: «Puede que la ciencia haya encontrado la cura para la mayoría de los males; pero no ha encontrado el remedio para el peor de ellos –la apatía de los seres humanos». El libro de Josué exhorta: «...elijan ustedes mismos a quiénes van a servir...» *(Josué 24:15a, NVI)*. No dejes para mañana una decisión que necesita ser hecha el día de hoy.

Bertrand Russel enfatiza: «No hay nada tan agotador como la indecisión, ni nada más estéril». Joseph Newton dijo: «No es lo que tenemos, sino lo que utilizamos; no es lo que vemos, sino lo que elegimos –éstas son las cosas que estropean o bendicen la felicidad de los hombres». Recuerda: no seas indeciso; no seas de los que 'caminan en medio de la carretera', porque la mitad de la carretera es el peor lugar cuando tratas de avanzar. Puedes hacer todo lo que debes hacer, una vez que hayas tomado una decisión. Decide hoy... ¿qué harás con tus sueños?

NADA HAY EN EL MEDIO DE LA CALLE, SINO RAYAS AMARILLAS Y ARMADILLOS MUERTOS.
(James Hightower)

8

Si pudieras escoger, ¿Qué trabajo escogerías en este momento?

Tu destino no puede cumplirse solo con teoría... requiere TRABAJO. Tú estás hecho para la acción. Parte de tu naturaleza es estar haciendo algo en lugar de estar estático, sin nada que hacer. El éxito simplemente toma las buenas ideas y las pone en acción. Lo que realmente significa el sistema de *libre empresa* es que entre más *emprendedor* eres, más *libre* serás. Lo que el desarrollo de todo país realmente necesita es menos énfasis en ser *libre* y más en ser *emprendedores*.

Escucha a Shakespeare: «Nada puede venir de la nada». Una creencia no tiene valor a menos que la conviertas en acción. La palabra *trabajo* no es un concepto oscuro; ésta aparece en la Biblia (un libro de fe) más de 500 veces. Una y otra vez, la simple respuesta a tu oración es: *ve a trabajar*.

«Empeñarse en tener éxito sin esforzarse, es como

pretender cosechar donde no has sembrado» *(David Bly)*. Lo que tú crees no equivaldrá a mucho, a menos que esas creencias te hagan salir de la tribuna al campo de juego. No puedes simplemente soñar en lo que podrías ser. La única vez que una persona perezosa tiene éxito, es cuando trata de no hacer nada. Benjamin Franklin lo expresa así: «La pereza viaja tan despacio que la pobreza no tarda en alcanzarla».

La persona que desperdicia enormes cantidades de tiempo hablando acerca del éxito, ganará el 'premio' del fracaso. Cuando eres perezoso, te toca trabajar el doble. La persona que siempre está tratando de conseguir algo por nada, siempre experimentará tiempos de frustración. Dios no hace jugo de manzana —Él hace manzanas. Algunos dicen que *'nada'* es imposible; sin embargo, hay un montón de gente que día tras día está haciendo 'nada'.

Algunos hacen cosas, mientras que otros se sientan alrededor convirtiéndose en expertos de cómo las cosas deberían de ser hechas. El mundo está dividido entre gente que hace cosas y gente que habla acerca de hacer cosas. Pertenece al primer grupo —la competencia es poca.

Debemos saber que el trabajo no es algo que nos agobia; más bien, somos bendecidos con el trabajo. Moliere dijo: «Todos los hombres son parecidos en sus promesas. Es únicamente en sus acciones donde ellos difieren». El solo desear nunca ha hecho que un hombre pobre se convierta en rico. Robert Half da en el blanco: «La holgazanería es el ingrediente secreto que lleva al fracaso, pero este se mantiene en secreto para la persona que fracasa».

Háblate a ti mismo: «Las inspiraciones no buscan largos noviazgos; ellas demandan la acción de un matrimonio inmediato» *(Brendon Francis)*. Si la verdad se diera a conocer, veríamos que muchos de nuestros problemas surgen cuando en lugar de estar trabajando estamos ociosos, y charlando cuando debemos estar prestando atención.

NINGÚN SECRETO HACIA EL ÉXITO FUNCIONARÁ, A MENOS QUE LO PONGAS EN PRÁCTICA.

9

¿Cuál es tu excusa favorita? ¿Por qué todavía la usas?

Cuando se trata de excusas, el mundo está lleno de grandes inventores. Algunos se pasan la mitad de su vida contando lo que van a hacer, y la otra mitad explicando por qué no lo hicieron. Una excusa es una artimaña usada para afirmar que hiciste lo que no hiciste y probarle a los demás que no eres culpable de lo que no hiciste.

Puede que falles muchas veces; de hecho, fallamos muchas veces; sin embargo, te conviertes en un fracasado en el momento en que comienzas a culpar a alguien más. Nuestros propios errores fracasan en su misión de ayudarnos, cuando culpamos a los demás de nuestros errores. Cuando pones excusas, renuncias al poder que tienes para cambiar.

Demuestras un trato correcto hacia los demás cuando no les culpas de tus equivocaciones. «No importa a quién alabas, pero ten cuidado a quién culpas» *(Edmund Gosse)*. Puedes caer muchas veces, pero no fracasarás sino hasta que digas que alguien te empujó.

Si puedes encontrar una excusa, no la uses. En su mayoría, la gente que fracasa es experta en encontrar excusas. Siempre encontrarás mil y una excusas disponibles, si eres lo suficientemente débil para usarlas. El mundo, simplemente, no tiene a su disposición tal cantidad de muletas como para sobrellevar tantas débiles y estropeadas excusas. Toma en cuenta que siempre será más fácil buscar excusas, en lugar de encontrar tiempo para hacer las cosas que no queremos hacer.

Así que encuentra una manera, no una excusa. No hay justificación alguna para un ser humano lleno de excusas. Alguien que comete un error y luego pone una excusa por lo que hizo, está cometiendo dos errores. Pon atención a esta verdad: «El zorro condena la trampa, no a sí mismo» (Blake). ¡No te permitas a ti mismo pensar como ese viejo zorro!

Nunca te quejes y nunca expliques. «Admitir los errores limpia el marcador y demuestra que eres más sabio que antes» (Arthur Guiterman). Hacer un trabajo correctamente es siempre más fácil que fabricar una excusa del por qué no lo hiciste. El tiempo que pierdes pensando en excusas y pretextos sería mejor utilizado si, en su lugar, te ocupas de orar, planear, preparar y trabajar para lograr tus metas en la vida.

EL ARTÍCULO MAS IMPRODUCTIBLE QUE SE HAYA FABRICADA JAMÁS, ES UNA EXCUSA.

PREGUNTA

10

¿Qué harías por alguien que no tiene oportunidad de devolverte un favor?

¿Estás viendo solamente tus propios intereses? ¡Ten cuidado! Wesley Huber lo define así: «No hay algo tan muerto como un hombre egocéntrico –un hombre que se jacta de ser exitoso por él mismo y se mide a sí mismo consigo mismo, y además, está satisfecho con los resultados». ¿Es 'yo' tu palabra favorita? Escucha: la única razón por la cual el orgullo te enaltece es para traerte abajo.

Norman Vincent Peale afirma: «El hombre que vive para sí mismo, es un fracaso; incluso si llega a tener mucha riqueza, poder o posición, sigue siendo un fracaso». La vanidad nos hace tontos. La Biblia nos advierte: « ¿Te has fijado en quien se cree muy sabio? Más se puede esperar de un necio que de gente así» (Proverbios 26:12, NVI). El hombre que no cree en otra cosa que no sea en él mismo, vive en un mundo muy pequeño. La mejor manera de ser feliz es olvidarte de ti mismo y enfocarte en otras personas. Henry Courtney lo presenta así: «Cuanto más grande es la cabeza de un hombre, más fácil es llenar sus zapatos». Una cabeza llena de vanagloria, siempre demuestra que hay mucho espacio por mejorar.

«Las lupas más grandes del mundo son los propios ojos del hombre cuando se mira asimismo» *(Alexander Pope)*. El egocentrismo es la única enfermedad donde el paciente se siente bien, mientras hace que todos los que están a su alrededor se sientan enfermos. El egocentrismo florece pero no da fruto. Esos que cantan sus propias alabanzas, rara vez se les pide que canten de nuevo. Charles Elliot aconseja: «No pienses demasiado en ti mismo. Trata de cultivar el hábito de pensar en los demás; esto te recompensará. El egoísmo siempre trae su propia venganza».

Cuando se te sube la arrogancia, lo mejor que puedes hacer es bajarla inmediatamente. No puedes moverte hacia delante dándote palmaditas en la espalda. Igualmente lo expresa Burton Hillis: «Es bueno creer en nosotros mismos; sin embargo, no deberíamos ser convencidos tan fácilmente». El mejor amigo de un egoísta es él mismo. La persona enamorada de sí misma, debería prontamente conseguir el divorcio.

Las personas que se jactan de haberse creado a sí mismas, usualmente les hace falta algunas piezas. Tú puedes reconocer a un hombre hecho por sí mismo: su cabeza es más grande de lo normal y sus brazos son lo suficientemente largos como para darse palmaditas en la espalda. Una persona jactanciosa nunca llega a ningún lugar, porque piensa que ya está allí. Cambia tu palabra favorita de 'yo' a 'tú'.

INCLUSO LOS SELLOS POSTALES SE VUELVEN INÚTILES CUANDO SE PEGAN UNOS CON OTROS.

PREGUNTA

11

¿Estás retrasando tu avance?

«Nuestro negocio en la vida no es ir delante de los demás; más bien, es ir delante de nosotros mismos – romper nuestro propio récord, superar nuestro ayer con nuestro hoy, hacer el trabajo con más fuerza que nunca–» *(Stewart Johnson)*. Si quisieras saber quién es el responsable de la mayoría de tus problemas, échate un vistazo en el espejo. Si pudieras darle de patadas a la persona responsable de la mayoría de tus problemas, quedarías tan adolorido que no podrías sentarte por tres semanas. Es tiempo de no ser, nosotros mismos, el estorbo de nuestro propio camino.

La mayoría de obstáculos de los que la gente se queja están escondidos bajo sus propios sombreros. Luis XIV lo expuso así: «Es poco lo que puede afectar a un hombre que ha podido conquistarse a sí mismo». La sabiduría de la Biblia advierte: «Como ciudad sin defensa y sin murallas es quien no sabe dominarse» *(Proverbios 25:28, NVI)*.

«Tu futuro depende de muchas cosas, pero mayormente

de ti» *(Frank Tyger)*. Puedes tener éxito, aún si nadie más cree en ti; pero nunca tendrás éxito si tú no crees en ti mismo. Zig Ziglar enfatizó: «La imagen que concibes en tu mente, es la que tu mente trabajará para llevarla a cabo. Cuando cambias las imágenes de tu mente, automáticamente cambias tu desempeño». Lo que adjuntes de manera consistente a la palabra 'yo soy', será en lo que finalmente te conviertas.

Ralph Waldo Emerson determina: «Es imposible que un hombre se engañe así mismo». Toma control de tu mente, o ésta tomará control de ti. Tu imaginación dicta tu apertura hacia la dirección positiva. Así lo resalta Norman Vincent Peale: «No construyas obstáculos que sólo están en tu imaginación. Recuérdate a ti mismo que Dios está contigo y que a Él nada lo puede vencer».

«Nuestros mejores amigos y peores enemigos son los pensamientos que tenemos sobre nosotros mismos» *(Dr. Frank Crane)*. Deja de ver únicamente el lugar donde estás hoy, y comienza a ver todo lo que puedes ser. La Biblia declara: «Porque cual es su pensamiento en su corazón, tal es él» *(Proverbios 23:7, NIV)*. Ten cuidado con lo que piensas. Tus pensamientos pueden convertirse en palabras en cualquier momento y en acciones rápidamente. Los pensamientos equivocados casi siempre te llevan a la miseria.

Nadie puede derrotarte, a menos que tú te derrotes a ti mismo primero. Una apropiada auto-imagen establece los límites de cada uno de nuestros logros en lo individual. Charles Colton lo descifra: «Nos aseguramos de ser perdedores, cuando peleamos con nosotros mismos; es una guerra civil». Si dudas de ti mismo, escucha a Alexander Dumas: «Una persona que duda de sí misma, es como un hombre que se recluta en las filas del enemigo y lleva armas para ser usadas contra sí mismo». Tim Redmond expresó: «No traiciones tu propia vida y tus propósitos».

Tu mundo existe primero dentro de ti. Mariane Crawford afirmó: «Cada hombre acarrea dentro de sí el mundo en el cual debe vivir». ¿Tienes problemas en escuchar a Dios? «Cuando Dios habla, tu mente será tu peor enemigo» *(Bob Harrison)*. ¿Estás enfrentando obstáculos en tu vida? James Allen contesta: «Tú eres el obstáculo que debes enfrentar. Tú eres quien debe escoger tu lugar». Recuerda que cuando se trata de curar la duda, el mal carácter, temperamento o la actitud pretensiosa, tú eres tu propio doctor.

VE DELANTE DE TI.

PREGUNTA

12

¿Qué mentiras estás creyendo hoy?

Una de las ideas más ridículas que existen es la envidia. No hay una sola ventaja que se pueda sacar de ella. Se ha dicho: «Cuando comparas lo que quieres con lo que tienes, serás infeliz; en cambio, compara lo que te mereces con lo que tienes, y descubrirás la felicidad».

Si la envidia fuera una enfermedad, todos estaríamos enfermos. Frances Bacon acertó: «La envidia no tiene feriados». La envidia, cuando nos compara con otros, es necia. El libro de Corintios advierte: «No nos atrevamos a igualarnos ni a compararnos con algunos que tanto se recomiendan a sí mismos. Al medirse con su propia medida y compararse unos con otros, no saben lo que hacen» *(2 Corintios 10:12, NVI)*.

La envidia es una de las formas más sutiles de juzgar a otros. El proverbio francés dice: «Lo que nos hace estar descontentos de nuestra condición, es la exagerada y absurda idea que tenemos en cuanto a la felicidad de otros». Thomas Fuller acertadamente dijo: «La comparación, más que realidad, hace al hombre feliz o miserable».

Helen Keller nos lleva a reflexionar: «En lugar de comparar lo que poseemos con aquellos que son más afortunados que nosotros, deberíamos compararlas con las posesiones de la mayoría de nuestro prójimo. Es entonces cuando nos damos cuenta que estamos entre los privilegiados». La envidia consume nada más y nada menos que tu propio corazón. Es una especie de admiración por aquellos a quienes menos deseas elogiar.

Un proverbio irlandés dice: «Debes lograr tu propio crecimiento, sin importar cuán grande tu abuelo fue». Encontrarás que es difícil ser más feliz que los demás, si consideras a otros ser más felices de lo que realmente son. Preocúpate por lo que otras personas piensan de ti, y tendrás más confianza en la opinión de ellos que en la que tú tienes de ti mismo. Pobre es aquel cuyos placeres dependen del permiso y las opiniones de otros.

San Crisóstomo ofreció esta comparación: «Así como la polilla roe una prenda, así la envidia consume al hombre». La envidia provee el barro que el fracaso lanza al éxito. Hay muchos caminos hacia una vida sin éxito, pero la envidia es el más corto de todos ellos.

> **SI LA ENVIDIA TUVIERA FORMA, SERÍA UN BUMERÁN...SIEMPRE REGRESA A TI.**
> *(Charley Reese)*

PREGUNTA

13

¿Es esto lo mejor de ti?

«Sé dirigido por la excelencia. Para ser dirigido por la excelencia al final de cada día, cada mes, cada año y, ciertamente, al final de la vida misma, debemos hacernos una importante pregunta: ¿Estamos demandando lo suficiente de nosotros mismos, y con nuestro ejemplo inspiramos a aquellos que están alrededor nuestro a dar su mejor esfuerzo y sacar todo su potencial?» *(Richard Huseman)*.

Se ha causado más daño por las personas débiles que por las personas malvadas. Los problemas de este mundo han sido causados más por la debilidad de la bondad, que por la fuerza del mal. La verdadera medida de una persona se calcula por la altura de sus ideales, la amplitud de su solidaridad, la profundidad de sus convicciones y la longitud de su paciencia.

«Piensa positiva y magistralmente, con confianza y fe; la vida se torna más segura, más cargada de acción, más rica en logros y experiencias» *(Eddie Rickenbacker)*. Logras de acuerdo a lo que crees.

«De todos los caminos que al hombre se le pudieran ocurrir, aparece, en un momento dado, uno mejor. Buscar ese camino, aquí y ahora, sería una de las cosas más sabias que podría hacer… buscar este camino, hoy, y caminar en él, es la única cosa necesaria que el hombre debería hacer» *(Thomas Carlyle)*. El tren correcto del pensamiento te llevará a una mejor estación en la vida.

Tratar de hacer lo que es mejor y permanecer esencialmente siendo el mismo, es realmente lo mismo. Una verdad que el entrenador John Wooden recalcó fue: «Éxito es tener paz mental, lo cual es el resultado directo de saber que diste lo mejor de ti, para convertirte en lo mejor de lo que eres capaz de ser». Uno de los secretos hacia el éxito es ser capaz de dar un buen paso hacia delante, sin lastimar los pies de otros.

Si buscas grandeza, olvida la grandeza y pide la voluntad de Dios. Encontrarás ambas. Harold Taylor dijo: «El origen de un verdadero logro yace en la voluntad de llegar a ser mejor de lo que puedas ser». Eleva tus estándares personales de calidad. Cualquier cosa que hayas pensado que es suficiente por ahora, agrégale un 10% más. ¡Mejor es mejor!

El error más grande que puedes cometer en la vida, es no ser fiel en lo que eres mejor. George Bernard Shaw lo condensó en esta frase: «…Mantente a ti mismo nítido y radiante; tú eres la ventana por la cual debes ver al mundo». Sigue el consejo de Ralph Sockman: «Da lo mejor de ti de la mejor manera que sabes hacerlo –y hazlo ahora».

SIEMPRE ES EL TIEMPO CORRECTO PARA HACER LO CORRECTO.

(Martin Luther King, Jr.)

14

¿Qué es peor: fallar o nunca intentar?

Paul Galvin, a la edad de treinta y tres años, había fallado ya dos veces en los negocios. Con sus últimos US$750 asistió a una subasta de su propio negocio de baterías de almacenamiento, con lo que compró de vuelta una parte del «eliminador de baterías». Esta parte que compró, fue lo que se convertiría después en Motorola. Cercano a su retiro, en los años sesentas, expresó: «No temas a los errores –conocerás el fracaso–; por nada te detengas». George Bernard Shaw enfatizó: «Pasar la vida cometiendo errores, no solo es más honorable, sino más fructífera que pasar la vida haciendo nada». Esperar que la vida esté perfectamente adaptada a nuestras especificaciones, es vivir una vida de continua frustración. Cuando cometas errores, simplemente aprende de éstos y no respondas con repeticiones.

David McNally consideró: «El misterio en los errores que se comenten en la vida, es más enriquecedor, interesante y estimulante, que una vida en la que nunca se arriesga ni se toma cierta posición en cuanto a algo». ¿Cuál es la diferencia entre los campeones y las personas comunes? Tom Hopkins nos da una respuesta: «La más particular e importante diferencia entre campeones vencedores y la gente común, es su habilidad para lidiar con el rechazo y el fracaso». Escucha a S.I. Hayakawa: «Observa la diferencia que existe cuando un hombre se dice a sí mismo: 'he fallado tres veces', y cuando se dice: 'soy un perdedor'». El fracaso es una situación, nunca una persona.

Los errores son, con frecuencia, los mejores maestros. La Biblia dice en Eclesiastés: «Cuando te vengan buenos tiempos, disfrútalos; pero cuando te lleguen los malos, piensa que unos y otros son obra de Dios, y que el hombre nunca sabe con qué habrá de encontrarse después» (v.7:14, NVI). Oswald Avery aconseja: «Donde quiera que caigas, recoge algo». «El hombre que inventó el borrador, tenía a la raza humana bien calculada» (Las leyes de Van Roy). Si te das cuenta, verás que la gente que nunca comete errores, nunca hace nada más. Es verdad: tú puedes sacar beneficio de tus errores. Esa es la razón por la que estoy convencido que algún día seré millonario.

El fracaso no es caerse; fracaso es quedarse tirado. Sé como Jonás, quien demostró que no puedes mantener abatido a un hombre bueno. Recuerda que un tropezón no es una caída. De hecho, el tropezón puede evitar una caída. Proverbios dice: «Porque siete veces podrá caer el justo, pero otras tantas se levantará» (Proverbios 24:16a, NVI). Herman Melville escribió: «Aquel que nunca ha fracasado en algo, no puede ser grande».

La persona que nunca cometer errores, es la que recibe órdenes, y vive su vida bajo alguien que sí ha cometido errores. Frederick Robertson remarcó: «...Ningún hombre ha progresado hacia la bondad y la grandeza, sino a través de cometer grandes errores». William Ward señala: «El fracaso es una demora, pero no una derrota. Es un desvío temporal, no un callejón sin salida».

No recordado por sus fracasos, sino más bien por sus éxitos, el inventor Thomas Edison dijo: «Las personas no son recordadas por las muchas o pocas veces que fracasaron, sino por las veces que salieron adelante. Cada paso equivocado puede ser otro paso hacia el éxito». Escucha el acertado consejo de David Burns: «Haz valer tu derecho para cometer unos cuantos errores. Si la gente no puede aceptar tu imperfección, será error de ellos».

Louis Boone puntualizó: «No le tengas tanto miedo al fracaso como para rehusarte a experimentar cosas nuevas. El triste sumario de la vida contiene tres descripciones: podría tener, pudiera tener, debería tener». Robert Schuller precisó: «Mira lo que todavía tienes, nunca veas lo que has perdido». Si aprendes de ellos, los errores son útiles. Cultiva esta actitud y nunca te avergonzarás de intentar. Descubre las joyas detrás de tus errores.

NO PUEDES VIAJAR POR EL CAMINO DEL ÉXITO, SIN TENER UNO O DOS PINCHAZOS.

(Navjot Singh Sidhu)

PREGUNTA

15

¿Hacia dónde realmente te estás dirigiendo?

Produce más haciendo menos. Delega, simplifica, o elimina las cosas menos prioritarias lo más pronto posible. James Liter dijo: «Un pensamiento llevado a cabo es mejor que tres que se quedaron en el intento».

Hay demasiada gente, en demasiados carros, demasiado a prisa, yendo hacia demasiadas direcciones, llegando en balde a ningún lado. «Hay muy poco tiempo para descubrir todo lo que queremos saber acerca de las cosas que realmente nos interesan. No podemos darnos el lujo de desperdiciar ese tiempo en cosas que son solamente una inquietud, o en cosas en las cuales mostramos interés solamente porque otras personas nos han dicho lo que deberíamos de hacer» *(Alec Waugh)*. Para la persona que no se enfoca, no hay paz.

El refrán dice: «No seas aprendiz de mucho, maestro de nada». Más bien, sé como el Apóstol Pablo, quien escribió: «Más bien, una cosa hago:… avanzo hacia la meta para obtener el premio…» *(Filipenses 3:13-14, NVI)*.

Donde pones tu corazón, determinará cómo utilizarás tu vida. Considera lo que dice Carl Sandberg: «Hay gente que quiere estar en todos lados al mismo tiempo, y al final no llegan a ninguna parte».

¿Cómo puedes conseguir lo que quieres? William John Locke contestó: «Puedo decirte cómo conseguir lo que quieres: Simplemente mantén ese algo en la mira, persíguelo, y nunca dejes que tus ojos se desvíen ni a la izquierda ni a la derecha, hacia arriba o hacia abajo. Mirar atrás es fatal…». Jesús nos advierte: «Nadie puede servir a dos señores, pues menospreciará a uno y amará al otro, o querrá mucho a uno y despreciará al otro…» *(Mateo 6:24a, NVI)*.

George Bernard Shaw aseveró: «Dale a un hombre salud y un curso a seguir, y la incertidumbre nunca lo detendrá a pensar si es feliz o no». Todos sabemos del éxito de Walt Disney. Quizá la clave de su éxito se encuentre en su confesión: «Amo a Mickey Mouse más que a cualquier mujer que haya conocido». Pues bien, ¡eso es estar enfocado!

Vic Braden observó: «Los perdedores tienen mucha variedad. Los campeones simplemente se enorgullecen con seguir aprendiendo en cómo ganarle a los ganadores de siempre». Considera las palabras de George Robson después de ganar el Indianápolis 500: «Todo lo que tuve que hacer para ganar fue mantenerme girando hacia la izquierda».

Creo que sólo encuentras la felicidad cuando estas decidido a ir con todo tu corazón hacia una dirección, hacia 'esa meta' que te has propuesto –sin quejarte– entregando todo de ti. Haz lo que estás haciendo mientras lo estás haciendo. Entre más complicado eres, más incompetente llegarás a ser.

Mark Twain observó: «He aquí lo que un tonto dice: 'No pongas todos los huevos en una sola canasta'. Lo que, en otras palabras, significa: 'Esparce todo tu dinero y tu atención en varias cosas a la vez y no te concentres en una sola cosa'. Pero el hombre sabio dice: 'Pon todos los huevos en una sola canasta... y cuida esa canasta'. La manera más rápida de hacer muchas cosas es hacer una sola cosa a la vez. Los únicos que van a ser recordados son aquellos que han hecho una cosa magníficamente bien. No seas como el hombre que dice: 'Estoy enfocado —esto que estoy haciendo es solo algo adicional'».

SI PERSIGUES A DOS CONEJOS, LOS DOS VAN A ESCAPAR.

(Anónimo)

PREGUNTA

16

¿Tomas consejo de tus miedos y temores?

El problema nunca es problema, hasta que tú permitas que sea un problema para ti. Arthur Roche definió: «La preocupación es una fina corriente de temor que inunda negativamente la mente. Si se alimenta, abre un canal por el cual todos los pensamientos se van fugando». El Dr. Rob Gilbert da una solución: «Está bien tener mariposas en tu estómago. Solamente haz que vuelen en formación».

Únicamente tu mente puede producir temor. Jesús enseñó: «¿Quién de ustedes, por mucho que se preocupe, puede añadir una sola hora al curso de su vida?» *(Mateo 6:27, NVI)*. Nosotros elegimos nuestras alegrías y temores, mucho antes de experimentarlos. Helen Keller recalca esta gran verdad: «Me da un sentimiento profundo y confortante saber que las cosas que se pueden ver son temporales, y que las cosas que no se ven son eternas». George Porter advierte: «Mantente en guardia contra tu imaginación ¡Cuántos leones crea en nuestro camino, y tan fácilmente! Sufrimos tanto al no hacer oídos sordos a sus cuentos e insinuaciones».

Los temores, como los bebés, crecen bastante si se les alimenta. El temor quiere crecer más rápido que un adolescente. Disraeli increpó: «Nada en la vida es tan notorio como la innecesaria ansiedad que soportamos, y que generalmente somos nosotros mismos quienes la creamos». Debemos actuar a pesar del miedo... no a causa de éste. Si tienes temor de pararte en la base, nunca anotarás una carrera.

La Hermana Mary Tricky afirmó: «Temor es la fe que no funcionará». La Biblia declara en los Salmos: «Dios es nuestro amparo y nuestra fortaleza, nuestra ayuda segura en momentos de angustia. Por eso, no temeremos aunque se desmorone la tierra y las montañas se hundan en el fondo del mar...» *(v. 46:1-2, NVI)*. No temas, porque el Señor está contigo. Si le pides ayuda, Él nunca dejará que enfrentes tus retos solo.

Lucy Montgomery dice: «Cuando te preocupas, lo único que pasa es que das la impresión de estar haciendo algo». La preocupación no ayuda a solucionar los problemas del mañana, pero sí arruina la felicidad de hoy. «Un día de preocupación es más agotador que un día de trabajo» *(John Lubbock)*. Cuando te preocupas acerca del futuro, pronto no habrá futuro por el cual te preocupes. No importa cuánto una persona le tema al futuro, usualmente querrá estar presente para verlo. La verdad es que hay más gente preocupada por el futuro, que gente preparándose para éste.

Shakespeare escribió: «Nuestras dudas son traidores, y con frecuencia nos hacen perder lo que podríamos ganar, por miedo a intentarlo». Emanuel Celler invita a tomar los riesgos: «No te arremangues la manga del pantalón hasta que llegues a la corriente».

«Si estás angustiado por algo externo, el malestar no se debe a ese algo en sí, sino al valor que tú le das, y en esto tú tienes el poder de revocarlo en cualquier momento» *(Marco Aurelio)*. El temor nos miente y no nos permite ir hacia donde quizá hubiéramos tenido éxito. Siempre hay dos voces sonando en nuestros oídos –la voz del temor y la voz de la fe. Una es el clamor de los sentidos. La otra es el susurro de Dios. Nunca dejes que tus temores te impidan perseguir tus sueños.

LA PREOCUPACIÓN NUNCA SOLUCIONA NADA.

(Ernest Hemingway)

PREGUNTA

17

¿A quién necesitas perdonar hoy?

El perdón es la clave para la paz personal. El perdón libera acción y crea libertad. Todos necesitamos decir lo correcto después de hacer algo incorrecto. Lawrence Sterne lo muestra así: «Solamente los valientes saben perdonar… el cobarde nunca perdona; no está en su naturaleza». Josiah Bailey agrega: «Aquellos que más perdonan, debería de perdonárseles más».

Uno de los secretos para una fructífera y larga vida, es perdonar todo a todos, todas las noches, antes de ir a dormir. Peter von Winter declaró: «La naturaleza del hombre es castigar, pero la naturaleza de Dios es perdonar». Cuando tu hombro sufre una fractura pierde el equilibrio. Es necesario, entonces buscar ese equilibrio para que el dolor mengue y el hombro se recupere. Es así con el rencor. Si dejas de amamantarlo, morirá. No necesitas un doctor para que te diga si es mejor remover un rencor o alimentarlo. El perdón es una cosa interesante: calienta el corazón y enfría la herida.

Es mejor perdonar y olvidar, que odiar y recordar.

Josh Billings sabiamente define: «No hay venganza tan completa como el perdón». Richard M. Nixon dijo: «Siempre recuerda: Otros pueden odiarte, pero aquellos que te odian no ganan a menos que tú también los odies. Si lo haces, te destruyes a ti mismo». La falta de perdón bloquea las bendiciones; el perdón libera bendiciones.

¿Quieres liberarte del pasado y afirmar tu futuro? Apodérate de lo que Paul Boese planteó: «El perdón no cambia el pasado, pero engrandece el futuro». Harry Fosdick dijo: «Nadie puede estar mal con el hombre y estar bien con Dios». Puedes estar equivocado, en medio de lo correcto, cuando no perdonas a alguien. «Protesta lo suficiente que estás en lo correcto, y estarás equivocado» (proverbio judío).

La Biblia dice en Efesios: «Abandonen toda amargura, ira y enojo, gritos y calumnias, y toda forma de malicia. Más bien, sean bondadosos y compasivos unos con otros, y perdónense mutuamente, así como Dios los perdonó a ustedes en Cristo» (v. 4:31, NVI). Hazte la siguiente pregunta: 'Si Dios está dispuesto a perdonarme, entonces... ¿quién soy yo para resistirme a perdonar?'.

LA CARGA MÁS PESADA QUE UNA PERSONA PUEDE LLEVAR, ES UN RESENTIMIENTO.

(Lynda Arnold)

18

¿Cómo puedes cambiar hoy la vida de alguien para bien?

Una buena manera de juzgar a un hombre es observando cómo habla. Una manera más efectiva es por lo que hace. La mejor manera es por lo que da. Elizabeth Bibesco remarcó: «Benditos aquellos que dan sin estar recordándolo y toman sin olvidar». El gran problema no es el tener o no tener —el problema es el no dar. El Señor ama al dador alegre —y también a los demás— pero le da un valor a la acción de dar con alegría.

El secreto de la vida es dar. Charles Spurgeon acertó: «Siente por otros —con tu billetera». Un proverbio hindú lo grafica así: «Las personas buenas son como las nubes, reciben solo para dar». De hecho, la mejor generosidad es aquella que es rápida. Cuando tú das rápidamente, es como si dieras doblemente. R. Browne hace el desafío: «Cualquier cosa que Dios hace en tu vida no es para que la guardes para ti mismo. Él quiere que le des a otros». Lo que Dios te da a ti, llega a ti; pero también puede llegar a otros por medio tuyo.

La Biblia nos enseña en Hechos: «Hay mas dicha en dar que en recibir» *(Hechos 20:35, NVI)*. Dar es siempre el termómetro de nuestro amor. Eleanor Roosevelt le dio relevancia al decir: «Cuando cesas de hacer contribuciones, comienzas a morir». Aquellos que solo reciben, no encuentran la felicidad. Los dadores sí. Cuando vives para alguien más, encuentras el mejor camino para vivir para ti mismo. John Wesley aconsejó: «Haz todo lo que puedas, ahorra todo lo que puedas, da todo lo que puedas». Ésta es una buena fórmula para una vida exitosa.

Los suizos dicen: «Un codicioso y un indigente son prácticamente lo mismo». Y es que cuando se trata de dar, hay personas que con nada se detienen. La codicia siempre disminuye lo que se ha ganado. Mike Murdock lo evalúa de esta forma: «Dar es la prueba de que has conquistado la codicia». Cuando tú das sólo después que se te ha pedido, has esperado demasiado.

Una gran cantidad de gente está dispuesta a darle a Dios el crédito, pero no muchos están dispuestos a darle el efectivo. No engañes al Señor diciendo que son ahorros. El problema con muchas personas que dan hasta que duele, es que la sensibilidad al dolor la tienen a flor de piel.

Si tienes, da. Si no tienes, da. G.D. Bordmen reafirma una inalterable verdad: «...La ley de la cosecha es recoger más de lo que sembraste...». Muy cierto; la gente que da siempre recibe.

Henry Drummond ratifica esto: «No hay felicidad en tener u obtener; lo hay solo en el dar». La prueba de la generosidad no está necesariamente en cuánto das, sino más bien en cuánto te queda. Henry Thoreau aún añade: «Si das dinero, también ofrécete a ti mismo».

LO QUE TÚ DAS, PERMANECE.

PREGUNTA

19

¿Te estás divirtiendo?

Hay un estiramiento facial que puedes hacerte tú mismo y que garantiza mejorar tu apariencia. Se llama sonrisa. Reírse es como cambiar el pañal a un bebé – no soluciona ningún problema de manera permanente –pero hace que las cosas sean más aceptables por un tiempo.

¡Alégrate! Un dentista es la única persona que se supone puede ver dentro de tu boca. Robert Frost dice: «La felicidad compensa en altura, lo que le falta en longitud». Abraham Lincoln precisó: «La mayoría de las personas son tan felices como se lo hayan propuesto en sus mentes». El peor día que puedas tener es aquel en el que no brotó de ti una sonrisa en lo absoluto.

«... El optimista ríe para olvidar pero el pesimista olvida sonreír» *(Tom Bodett)*. También tú deberías reírte de ti mismo de vez en cuando –todos deberían. La única medicina que no necesita receta, no tiene sabor desagradable y no cuesta dinero, es la sonrisa.

La sonrisa es una curva que nos ayuda a ver las cosas rectas. Una sonrisa es como una curva que tomas para aproximarte a otro, y siempre te sale bien. Una sonrisa puede recorrer un largo camino, pero eres tú quien debe iniciar su recorrido. Tu mundo brillará detrás de una sonrisa. Así que, sonríe con frecuencia. Haz descansar tu ceño fruncido.

Henry Ward Beecher lo describe así: «Una persona sin sentido del humor es como un vagón sin amortiguadores —se golpea a sí mismo con cada piedra que encuentra en el camino». Toma en serio las palabras de Mosche Wadocks: «El sentido del humor puede ayudarte a pasar por alto lo poco atractivo, a tolerar lo desagradable, hacerle frente a lo inesperado y sonreír en medio de lo insoportable». Tu día toma la dirección hacia donde las comisuras de tus labios le indiquen.

Estoy convencido que cada vez que alguien sonríe, y más aún cuando se carcajea, añade algo a su vida. Janet Layne acertadamente dijo: «De todas las cosas que te pones, tu expresión es la más importante». El Libro de Proverbios instruye: «Gran remedio es el corazón alegre,…» *(v.17:22, NVI)*. Una buena carcajada siempre será tu mejor medicina, ya sea que estés enfermo o no.

«El mundo es como un espejo; fróncele el ceño y te fruncirá el ceño. Sonríele y éste también te sonreirá» *(Herbert Samuel)*. La alegría es contagiosa, pero al parecer algunas personas han sido vacunadas contra esta infección. El problema de ser un cascarrabias, es que tienes que hacer nuevos amigos todo el tiempo. Cada persona que espera recibir felicidad está obligada a dar felicidad. No tienes derecho a consumir felicidad si no la produces. No sería justo consumirla sin producirla.

Las llantas del progreso no dan vuelta con solo hacerlas

girar. Tom Walsh nos llama a la reflexión: «Cada vez que tus labios se apagan, pierdes 60 segundos de felicidad». Igualmente lo hace Paul Bourge: «La infelicidad indica pensamientos erróneos –así como la mala salud indica un régimen alimenticio inadecuado». Es casi imposible reír por fuera, sin sentirte bien por dentro. Si puedes reírte de algo, puedes vivir con ese algo.

AQUEL QUE SONRÍE, PERDURA.
(Robert Fulghum)

PREGUNTA

20

¿Estás eligiendo *tu* historia o la historia de alguien más?

Hace algunos años, me encontré con un amigo a quien conozco desde hace más o menos unos diez años. Él me miró y me dijo: «John, veo las grandes cosas que Dios ha hecho en tu vida, y cómo Él te ha permitido crecer en todo sentido. Sin embargo, cuando comencé a ver tu vida me llené de dudas en cuanto a lo que Dios había hecho en la mía». Continuó diciendo: «Vi lo que ha hecho en tu vida y comencé a dudar si Dios realmente había trabajado en la mía, pues no he tenido el mismo éxito que tú tienes».

Me volteé, lo vi, y le dije: «Si es verdad que te ha hecho sentir mal el que Dios ha sido bueno conmigo, dime entonces: ¿te sentirías mejor si yo hubiera tenido terribles fracasos y me hubiera ido muy mal todos estos años?». Él me miró perplejo y respondió diciendo: «No, de ninguna manera; no podría ser». Le dije: «Bueno, si lo primero es cierto, lo segundo también es cierto. Realmente muestra lo inexacta que es tu lógica. ¿Qué pasa si mi vida no tiene nada que ver con lo que Dios está haciendo en la tuya?».

La mayoría de la gente parece saber cómo vivir la vida de los demás, pero no tienen idea de cómo vivir su propia vida. Si te das cuenta, raramente Dios usa gente que su mayor preocupación está en lo que piensan los demás. Creo que juzgar a otros es una de las mayores pérdidas de tiempo. Juzgar detiene el progreso y siempre impide tu avance.

Algunos están inclinados a medir sus logros por lo que otros no han hecho. Nunca midas tu éxito por lo que otros han hecho o dejado de hacer. ¿Eres un termómetro o un termostato? ¿Registras tu propia temperatura o estás más pendiente de la de alguien más? Pat Riley es categórico al decir: «No permitas que otra gente te diga lo que quieres». Nadie puede construir un destino personal basándose en la fe y la experiencia de otra persona. «No tomes como propia la definición de éxito de alguien más» (*Jacqueline Briskin*).

Tus errores nunca desaparecerán señalando los errores de otros. Mucha gente tiene la idea equivocada que pueden hacerse grandes, mostrando cuan pequeño es alguien más. No es necesario apagar la luz de otra persona para permitir que la tuya brille. Algunas personas, en lugar de hacer que su propia luz brille, se pasan el tiempo tratando de apagar la luz de los demás. ¡Qué derroche de tiempo!

Si piensas que estás haciendo las cosas mejor de lo que una persona promedio lo hace, entonces eres una persona promedio. ¿Por qué querrías compararte con alguna persona promedio? La mayoría de la gente parece saber cómo vivir la vida de los demás, pero no tienen idea de cómo vivir su propia vida. Necesitamos dejar de compararnos con los demás.

NO MIDAS TU ÉXITO BASADO EN LO QUE OTRAS PERSONAS HAN HECHO O HAN DEJADO DE HACER.

¿Qué te pone la piel de gallina?

«Piensa con emoción, habla con emoción, actúa con emoción y estarás obligado a convertirte en una persona entusiasta. Tu vida dará un nuevo giro y se tornará más interesante y significativa. Puedes convertirte en alguien que habla, actúa y se sumerge a sí mismo en el aburrimiento, monotonía e infelicidad; o, siguiendo los mismos pasos, puedes construir inspiración, emoción y alegría en tu vida» *(Norman Vincent Peale)*. Puedes triunfar en casi cualquier cosa cuando tu entusiasmo no tiene límites. El entusiasmo mueve al mundo.

Tu entusiasmo refleja tus reservas, tus recursos no explotados y hasta quizá tu futuro. Una diferencia real entre las personas es su nivel de entusiasmo. Winston Churchill afirmó: «Éxito es la habilidad de ir de fracaso en fracaso, sin perder entusiasmo». Jamás conocerás grandes verdades o llegarás a tu apogeo, a menos que inyectes a tu vida alegría y entusiasmo.

«Nadie mantiene su entusiasmo en forma automática» *(Papyrus)*. El entusiasmo debe ser nutrido con nuevas acciones, nuevas aspiraciones, nuevos esfuerzos y una nueva visión. Si tu entusiasmo desaparece es por causa tuya –has fallado en alimentarlo. ¿Qué es entusiasmo?, Henry Chester contesta: «Entusiasmo no es nada más ni nada menos que la fe en acción». Helen Keller responde así: «Optimismo es la fe que conduce al logro; nada puede lograrse sin esperanza».

No es nuestra posición, sino nuestra disposición lo que nos hace felices. Recuerda: algunas personas se congelan durante el invierno –otros van a esquiar. Una actitud positiva siempre crea resultados positivos. Actitud es una cosa pequeñita que puede crear grandes diferencias. Depresión, penumbra, tristeza, pesimismo, desesperanza, desaliento y miedo matan más vidas que todas las enfermedades juntas.

No puedes hacer entrega de los productos de tu corazón, si tu corazón está más pesado que la carga. «Actuamos como si las comodidades y los lujos fueran los requisitos principales en la vida; cuando todo lo que necesitamos para ser realmente felices es algo por lo cual entusiasmarnos» (*Charles Kingsley*). Algunas personas cuentan sus bendiciones, pero la mayoría piensan que las bendiciones no cuentan.

Hay una correlación directa entre nuestra pasión y nuestro potencial. Puedes ser la luz del mundo, pero el interruptor debe estar encendido. Ser positivo es algo primordial para los logros y las bases del verdadero progreso. Ser positivo no sólo es esencial para triunfar, sino que también es el fundamento del auténtico progreso. Si vives una vida sumergida en el negativismo, te mantendrás sofocado durante todo tu recorrido y mareado durante todo tu viaje. La persona que es negativa, está cincuenta por ciento vencida antes de iniciar.

Estoy de acuerdo con Winston Churchill cuando dice: «Soy optimista. No parece muy útil ser otra cosa». Te has dado cuenta que no importa la cantidad de preocupaciones que tenga un pesimista, él siempre tendrá lugar para una preocupación más. Recuerda el proverbio chino: «Es mejor encender una candela que maldecir la oscuridad». En 'Das Energie', Paul William dijo: «Vota con tu vida, ¡vota sí!».

EL MUNDO PERTENECE A LOS ENTUSIASTAS.
(Ralph Waldo Emerson)

PREGUNTA

22

¿Has sobrevivido a la peor cosa que te haya pasado?

«Los tiempos de calamidad general y de confusión siempre han sido productivos para las mentes brillantes. El mineral más puro es producido en el horno más caliente, y los rayos más brillantes son los que suscitan de la tormenta más oscura» *(Caleb Colton)*. La puerta que conduce a las oportunidades se balancea en las bisagras de la oposición. Los problemas son el precio que te llevan hacia el progreso. Los obstáculos en la vida pretenden hacernos mejores, nunca infelices, mucho menos convertirnos en amargados.

Los obstáculos son simplemente una fuerza que te impulsa y te fortalece para el siguiente paso –su objetivo nunca es que te des por vencido. Tú resuelves que valga la pena alcanzar tus metas. Bob Harrison advierte: «Cuando se trata de ti y algo significativo, siempre encontrarás gigantes a tu paso». Oral Roberts lo expone así: «No puede haber renovación o cambio sin confrontación». La verdad es: si te gustan las cosas fáciles vas a tener estancamiento. Si te gustan los problemas vas a triunfar.

Si tienes un sueño que no conlleva dificultades, es posible que no tengas sueño alguno. Ten la actitud de Louise May Alcott: «No tengo miedo de las tormentas, porque estoy aprendiendo a navegar mi barco». Sigue el consejo de Samuel Lover: «Las circunstancias son los gobernantes que dirigen a los débiles; pero éstas son los instrumentos del sabio». Los chinos usan este proverbio: «La piedra preciosa no puede ser pulida sin fricción, ni el hombre puede ser perfeccionado sin antes ser puesto a prueba». Parece que las grandes pruebas son la preparación necesaria para llegar al éxito.

Estoy convencido que para cada obstáculos que enfrentas, Dios ha provisto una escritura como respuesta. Mike Murdock lo interpretó de este modo: «Si Dios 'amortiguara' cada uno de tus golpes, nunca aprenderías a crecer». En cambio, no dejes que tus problemas tomen el liderazgo. Toma la delantera. Los problemas que enfrentas son simplemente una oportunidad para que des lo mejor de ti. Es un hecho que los conflictos son buenos cuando sabes cómo moverte con Dios. ¿Qué actitud debemos tomar ante las dificultades? William J.H. Boetcker enseñó: «Las luchas y dificultades de hoy no son más que el precio alto que debemos pagar para lograr la victoria del mañana». Lou Holtz, de su propia experiencia, nos anima: «La adversidad es otra manera de medir la grandeza de los individuos. Nunca he tenido una crisis que no me haya hecho más fuerte».

Cuando enfrentas obstáculos, descubrirás cosas acerca de ti mismo que de otra forma no hubieras descubierto. Los retos hacen que te estires —te obligan a ir más allá de lo normal. Así lo expresó Martin Luther King Jr.: «La medida exacta de un hombre no se mide en los momentos de comodidad y conveniencia; esa medida exacta se encuentra en los momentos de retos y controversias...». Convertir un obstáculo en una ventaja no solo es el primer paso, sino es el paso necesario hacia la victoria.

Dios promete un aterrizaje seguro, pero no necesariamente un viaje tranquilo. La vida es tan incierta, pero considera lo que dijo Sydney J. Harris: «Cuando escucho a alguien decir que 'la vida es difícil', tengo el impulso de preguntar: ¿comparada con qué?».

Debemos, también, enfrentar nuestros problemas. No podemos pretender correr lo suficientemente rápido, o ir lo suficientemente lejos como para huir de todos ellos. Más bien, tengamos la actitud de Stan Musial, el famoso jugador de beisbol del Salón de la Fama. Cuando comentó cómo manejar una pelota llena de saliva, dijo: «Solamente le pego al lado seco de la bola». Charles Kettering acertadamente escribió: «Nadie hubiera cruzado el océano, si se hubiese podido bajar del barco durante la tormenta». El desayuno para los campeones no es cereal, sino obstáculos.

LA ADVERSIDAD TIENE SUS VENTAJAS.

PREGUNTA

23

¿Es verdad?

No hay límite para cuán alto un hombre quiera llegar, si se mantiene sólido en sus principios. Honestidad continúa siendo la mejor póliza de seguro. Sin embargo, hoy en día existen menos asegurados de los que solían haber. George Braque afirmó: «La verdad existe, solamente la falsedad tiene que ser inventada». Cervantes con mucho acierto dijo: «La verdad se levantará por encima de la falsedad, así como el aceite se pone sobre el agua».

Las mentiras blancas dejan marcas negras en la reputación del hombre. No puedes estirar la verdad sin hacer que tu historia parezca bastante delgada. Cuando estiras la verdad, ésta te golpeará cuando vuelva a su estado normal. La verdad ganará sobre cada argumento, si permaneces con ésta el tiempo que sea necesario. Aunque quizá la verdad no sea tan popular, siempre es la verdad. El hecho de que nadie quiera creer en algo, esto no hace que deje de ser verdad.

Dos medias verdades no necesariamente constituyen una verdad completa. De hecho, ten cuidado con las medias verdades –podrías estar sosteniendo la mitad equivocada. Una mentira no tiene dos piernas para sostenerse; necesita el apoyo de otras mentiras. La verdad es una de las cosas para las cuales no se ha conocido sustituto alguno. No hay sustituto aceptable para la honestidad. No existe excusa válida para la deshonestidad.

Nada muestra tanta suciedad como una mentira blanca. Cuántas veces algo que comienza solo como una pequeña mentira blanca, usualmente termina siendo como un largometraje a todo color. Pueda parecerte que una mentira blanca se hará cargo del presente, pero debes saber que ésta no tiene futuro alguno.

La única manera de ser realmente libres de la mentira es ser una persona veraz. El Libro de Juan nos dice: «Y conocerán la verdad, y la verdad los hará libres» *(Juan 8:32, NVI)*. La verdad es fuerte y prevalece. La verdad sobrevive a la mentira.

Una persona que despierta sospechas nunca produce una vida transparente. Como lo dijo Herbert Casson: «Muéstrame a un mentiroso y te mostraré a un ladrón». A un mentiroso no se le creerá, aunque diga la verdad. George Bernard Shaw dice esta verdad: «El castigo del mentiroso no es, en lo más mínimo, que no se le crea; su castigo es que él no puede creerle a nadie más».

Los mentirosos no tienen amigos verdaderos. «Si mientes y después dices la verdad, esa verdad será considerada una mentira» *(proverbio sumerio)*. Un hombre honesto cambia sus ideas para adaptarse a la verdad, y un hombre deshonesto altera la verdad para adaptarse a sus mentiras. No existen niveles de honestidad.

La Biblia dice: «Que nunca te abandonen el amor y

la verdad: llévalos siempre alrededor de tu cuello y escríbelos en el libro de tu corazón» *(Proverbios 3:3, NVI).* Margaret Runbeck precisó: «No hay poder en la tierra más formidable que la verdad». Considera lo que dijo Pearl Buck: «La verdad es siempre emocionante». Háblala. La vida pierde brillo sin ella.

LAS MENTIRAS BLANCAS DEJAN MARCAS NEGRAS.

24

¿Cuál es el siguiente paso que necesitas dar?

Permíteme hacerte una antigua pregunta: ¿Estás esperando a Dios o Él está esperando por ti? Creo que la mayoría del tiempo Él está esperando por nosotros. ¿Es Dios tu esperanza o tu excusa? Sé que el deseo de Dios es que seamos nosotros quienes tomemos la iniciativa de vivir nuestra vida con audacia. William Menninger lo explica así: «La cantidad de satisfacción que consigues de la vida depende mucho de tu propia iniciativa, ingenio y autosuficiencia. La gente que está esperando que la vida, por sí sola, le abastezca de provisión para satisfacerse, por lo regular, lo que encuentra es aburrimiento».

Albert Hubert lo representa con este refrán: «La gente que quiere leche no debería sentarse en un banco, en medio del campo y esperar que la vaca venga a ellos». La puerta de la oportunidad no se abrirá a menos que la empujes.

Estar a la defensiva nunca ha llevado a conquistar la victoria final. Dios ayuda al valiente. Haz lo que dice

Sara Teasdale: «Adquiero el mayor provecho de lo que viene, y el menor provecho de todo lo que se va».

E. M. Bounds puntualmente exhorta: «No hay ningún estímulo, ni espacio alguno en la Biblia, que dé lugar al desinterés, apatía, holgazanería, o a deseos débiles; Su religión es laboriosa, enérgica, trascendente. Los deseos profundos, fervientes e insistentes deleitan al cielo. Dios quiere a Sus hijos con ánimo pronto y comprometidos con seriedad a perseverar en sus esfuerzos». Cuando eres audaz, Su gran poder viene en tu ayuda.

Reflexiona los siguientes consejos: «Nunca agaches tu cabeza, mantenla en alto, mira al mundo directamente a los ojos» *(Helen Keller)*. Si quieres éxito, debes aprovechar tus propias oportunidades mientras avanzas. «No podía esperar por el éxito –así que seguí adelante sin él» *(Jonathan Winters)*. «Es mejor actuar con confianza, no importa si no estás totalmente en lo correcto» *(Lillian Hellman)*. El camino que te lleva a la cima siempre será un camino pedregoso.

George Adams advirtió: «En esta vida logramos solo aquellas cosas por las cuales nos esforzamos por alcanzar, esas por las cuales luchamos y por las que estamos dispuestos a sacrificarnos...». No es suficiente hacerle frente a las oportunidades y a los problemas, atácalos. Considera lo que dijo B.C. Forbes: «La mediocridad hace que los hombres esperen a que las oportunidades vengan. Los hombres audaces van resueltos a tomar esas oportunidades».

NO TE SIENTES ATRÁS A RECIBIR LO QUE VENGA; VE DELANTE EN BUSCA DE LO QUE QUIERES.

PREGUNTA

25

¿Qué has comenzado que necesitas finalizar?

¿Quieres lograr algo en tu vida? Sé como el que pica la piedra laboriosamente. Jacob Riis lo describió: «Cuando nada parece ayudar, voy y miro al picapedrero; va martillando la piedra quizá como cien veces, sin poder siquiera resquebrajarla. Sin embargo, al golpe ciento uno, la piedra se parte en dos; y sé que no fue a causa del último golpe dado que la piedra se abrió, sino a causa de cada uno de los golpes que se dieron antes». Cualquier cosa que quieras lograr en la vida requiere de perseverancia.

Todas las cosas llegan a la gente que va tras ellas. Perseverancia es el resultado de un firme y determinante 'lo haré'. Terquedad es el resultado de un firme y determinante 'no lo haré'. Las cosas llegan a la gente que va tras ellas. Montesquieu planteó: «El éxito, en muchas ocasiones, depende de cuánto tiempo falta para ser exitoso». El secreto del éxito es: Nunca te decepciones y nunca te apagues. Muchas veces el éxito consiste en mantenerte un minuto más.

Calvin Coolidge dijo: «'Seguir adelante' ha resuelto y siempre resolverá el problema de la raza humana». Al observar a la gente persistente, notamos que siempre tienen esta actitud: nunca pierden el juego; simplemente se les termina el tiempo. El crecimiento espiritual es como el brote de una planta. Primero tienes dirección, después paz y luego convicción; al igual que una planta es sostenida por su raíz, surge el botón y da su fruto. Compte de Buffon anima: «Nunca pienses que las tardanzas de Dios son negaciones de Dios. Espera, aguanta, resiste. La paciencia es un genio».

Josiah Johnson Hawes apuntó: «Puedes llegar a ser lo que sea que tú decidas llegar a ser. Proponte ser algo en este mundo y serás algo. 'No puedo' nunca ayudará a lograr algo; 'lo intentaré' ha originado maravillas». Herbert Caufman agrega: «Los arranques no cuentan. En el resultado final de una carrera no harían mención de una espléndida salida, si el final prueba que solamente fuiste un corredor más». Ten en mente las palabras de Hamilton Holt: «Nada que valga la pena viene fácilmente. El esfuerzo a medias no produce resultados a medias. Esto produce: no resultados. Trabajo… continuo trabajo y trabajo duro son el único camino para obtener resultados duraderos».

La perseverancia prevalece cuando todo lo demás falla. Y es que la perseverancia es como esa planta amarga de la cual brotan frutos dulces. Joseph Ross puntualizó: «Toma tiempo alcanzar el éxito; porque el éxito es simplemente la recompensa natural de tomar tiempo para hacer bien cualquier cosa». La Biblia declara: «Vale más el fin de algo que su principio. Vale más la paciencia que la arrogancia» *(Eclesiastés 7:8, NVI)*. La victoria siempre llega a aquellos que perseveran hasta alcanzarla.

Ralph Waldo Emerson subraya: «La gran mayoría de hombres son un manojo de inicios». Concuerdo con Charles Kettering cuando dice: «Sigue adelante y al fin tropezarás con tus oportunidades, quizá cuando menos te lo esperes…». Nadie encuentra el significado de la vida viviendo. Cada uno debe darle significado a su vida. La perseverancia es el atributo imprescindible cuando ésta se está agotando. Con frecuencia, genio es solamente otra manera de deletrear la palabra perseverancia.

PARA TERMINAR PRIMERO, PRIMERO TIENES QUE TERMINAR.

(Rick Mears)

PREGUNTA

26

¿Te asustas de ti mismo?

No hagas nada que no requiera fe. G.C. Lichtenberg afirmó: «Nunca emprendas algo si no tienes el valor de pedir la bendición del cielo». En Salmos leemos: «Cuando yo te pida ayuda, huirán mis enemigos. Una cosa sé: ¡Dios está de mi parte!» *(v.56:9, NVI)*. Acepta y reconoce únicamente aquellos pensamientos que se alinean a la Palabra de Dios y a Su voluntad para tu vida, porque son los pensamientos que sustentan tu éxito.

Wayne Gretsky es, podría decirse, el mejor jugador de jockey de la historia. Años atrás, cuando se le preguntó acerca de su secreto para seguir siendo el líder de goles de la liga nacional de jockey, Gretsky respondió: «Patino hacia donde se dirige el disco, no hacia donde ya ha estado». Atrévete a ir más allá de donde puedes ver. «No trates de entender lo que puedes creer, pero cree que podrás entenderlo» *(San Agustín)*.

Demasiada gente espera muy poco de Dios; piden poco, por lo tanto, reciben poco y, además, están contentos con poco. La interpretación de Sherwood Eddi es: «La fe no se trata de creer en algo tomando en cuenta la evidencia. Fe es atreverse a hacer algo tomando en cuenta las consecuencias». Creo, sinceramente, que podríamos lograr muchas más cosas si no las viéramos automáticamente como imposibles.

Dios ha dado al hombre la virtud de examinar los cielos y verle a Él. Nunca digas que las condiciones no son las adecuadas. Tú mismo limitas a Dios con tus limitaciones. Si estás esperando que las condiciones para ti sean perfectas, nunca obedecerás a Dios. La Biblia nos da este mandamiento: « ¿Están ustedes dispuestos a obedecer? ¡Comerán lo mejor de la tierra!» *(Isaías 1:19, NVI)*

Los que se atreven, lo hacen; los que no se atreven, no lo hacen. Isak Dineson dedujo: «Dios hizo el mundo redondo para que nunca podamos ver más allá del camino». La persona que no arriesga nada, no necesita esperanza en lo absoluto. Sabrás que has llegado a estancarte, cuando todo lo que has puesto en práctica ha sido precaución. Muchas veces debes seguir adelante, a pesar del miedo constante en tu mente que te dice 'regresa'.

Si Dios es dejado a un lado, algo malo ha de suceder en lo íntimo. Dios nunca permitirá algo que te confronte, que tú y Él no puedan manejar juntos. Mary Lyon lo dice mejor: «Confía en Dios –haz algo».

Dios dice: «Acércate a la cima».

Nosotros decimos: «Está muy alta».

«Ven a la cima».

Respondemos: «Podríamos caer».

«Acércate a la cima», Dios dice.

Y vamos.

Y Él nos da un empujón.

¡Y volamos!

NO ESPERES QUE TODOS LOS SEMÁFOROS ESTÉN EN VERDE PARA SALIR DE CASA.
(Jim Stovall)

PREGUNTA

27

¿Qué estás posponiendo hoy, que pospusiste ayer?

Un incidente durante la Revolución Americana ilustra la tragedia causada como resultado de haber pospuesto algo que se debió haber hecho en el momento. Se cuenta que el coronel Rahl, comandante de las tropas británicas en Trenton, Nueva Jersey, se encontraba jugando naipes, cuando un mensajero le trajo una carta urgente declarando que el general George Washington estaba cruzando el Río Delaware. Rahl puso la carta en su bolsillo y no se interesó en leerla, hasta que el juego finalizó. Luego, dándose cuenta de la seriedad de la situación, de prisa reunió a sus hombres para enfrentar el ataque que estaba en camino, pero su demora fue su derrota. Él y muchos de sus hombres murieron, y el resto del regimiento fue capturado.

Nolbert Quayle dijo: «Solamente unos minutos de retraso le costó su vida, su honor y la libertad de sus soldados. La historia de la tierra está cubierta de ruinas de planes no terminados y de determinaciones no ejecutadas. 'Mañana' es la excusa del perezoso y el refugio del incompetente».

Pregúntate a ti mismo: 'Si yo no actuó ahora, ¿cuál será el costo final para mi vida?' Cuando una persona que suele postergar las cosas, finalmente toma una decisión, la oportunidad ya se le fue de sus manos.

Lo que tú pospones para mañana, probablemente también lo pospondrás mañana. El éxito llega al hombre que hace el día de hoy lo que otros están pensando hacer el día de mañana. Mientras más perezoso sea un hombre, más cosas dejará para el día de mañana. «Todo problema se minimiza cuando, en lugar de evadirlo, lo enfrentas. Toca un espino tímidamente, y seguro te pinchará; agárralo con denuedo, y sus espinas se desmoronarán» (William Halsey).

Desperdiciar tiempo, desperdicia tu vida. Cervantes muy singularmente dice: «Por la calle de por allí y de por allá, uno llega a la casa de nunca». Un perezoso no va por la vida –él es empujado a través de ésta. «El sabio termina de una vez, lo que el necio hace hasta el final» (Gracian). 'Algún día' no es un día de la semana. Hacer nada es el trabajo más tedioso del mundo. Cuando no comienzas, tus dificultades tampoco se detienen. Enfrenta cualquier dificultad ahora –mientras más esperas, más crece. Las personas que, continuamente, posponen las cosas, nunca tienen problemas pequeños porque ellos esperan a que sus problemas crezcan.

En el juego de la vida nada es tan poco importante como el resultado del medio tiempo. «La tragedia de la vida no es que el hombre pierda, sino que casi gane» (Haywood Broun). Algunas personas esperan tanto, que el futuro se les desvanece antes de que ellas lleguen.

La mayoría de la gente que se sienta a esperar que la

fortuna le llegue, con frecuencia verá que es algo que trae muchas privaciones. Lo que le llegue al hombre que espera sentado, raramente llega a ser lo que él estaba esperando. El trabajo más difícil del mundo es aquel que debió haberse hecho ayer. El trabajo más duro es usualmente una acumulación de cosas fáciles que debieron haberse hecho la semana pasada.

Sir Josiah Stamp recalcó: «Es fácil evadir nuestras responsabilidades, pero es imposible evadir las consecuencias de haber evadido nuestras responsabilidades». William James precisó: «Nada es tan agotador como la eterna espera de una tarea incompleta». La gente que retrasa su accionar hasta que todo encaje bien, no hace nada. Jimmy Lyons dijo: «Mañana es el único día en el año atractivo para un perezoso».

«Un hombre sin nada que hacer, hace el 'trabajo' más extenuante que pueda existir. Pero tanto peor me parece el hombre que evade un trabajo que sabe que debe hacer. ¡Es un indolente! y –créeme– qué castigo el que toma… de su propia mano» (*E.R. Collcord*).

POSTERGAR ES EL FERTILIZANTE QUE HACE QUE LAS DIFICULTADES CREZCAN.

PREGUNTA

28

¿Valdrá la pena sacarle el jugo?

¿Estás dando de tumbos tras un futuro incierto? Tú puedes prever tu futuro cuando estás consciente de tus propósitos. La mayoría de personas saben de qué se están alejando, pero no saben hacia dónde están yendo. Concéntrate primero en conocer tu propósito, luego concéntrate en hacerlo realidad. Tener un *porqué* poderoso te proveerá de un necesario *cómo*. Propósito y no dinero, es tu verdadera riqueza.

Cuida tu propósito y por último él cuidara de sí. Cuando el fundamento de tu vida se basa en principios, 99 % de tus decisiones ya han sido tomadas. El objetivo hace lo que debe hacer, el talento hace lo que puede. ¿Estás considerando accionar? Sigue el consejo de Marco Aurelio: «Sin un objetivo nada se debería hacer». Robert Byrne lo asevera: «El propósito de la vida es una vida de propósito».

«La altura de tus logros será igual a la profundidad de tus convicciones. Busca la felicidad en sí, y no la encontrarás; busca un propósito y la felicidad vendrá como una sombra que viene con la luz del sol» *(William Scolavino)*. Cuando buscas tu destino, éste será como un imán que te atrae, no como un aro de bronce que solamente va dando vueltas. El destino atrae.

John Foster reparó en lo siguiente: «Es un poco vergonzoso no ser capaz de responder con cierto grado de convicción a preguntas simples, como: ¿Qué quieres ser?, ¿Qué quieres hacer?». El Dr. Charles Garfield agregó: «Los artistas que están en la cima son personas comprometidas a una convincente misión. Es muy claro que a ellos les interesa profundamente lo que hacen, y sus esfuerzos, energía y entusiasmo se pueden rastrear a partir de esa misión en particular». Tú no eres realmente libre hasta que eres cautivado por tu misión en la vida.

No ores solamente para que Dios haga esto o aquello, más bien ora que Dios te dé a conocer Su propósito. William Cowper dijo: «La única y verdadera felicidad viene de derrocharnos a nosotros mismos por un propósito». Nota lo que dice Proverbios: «El corazón humano genera muchos proyectos, pero al final prevalecen los designios del Señor» *(v.19:21, NVI)*.

Mientras los individuos van por el camino correcto, el destino los acompaña. No compartas compañía con tu destino —es un ancla en la tormenta. Una vida sin propósito es una muerte temprana. Salmos declara: «El Señor cumplirá en mí su propósito. Tu gran amor, Señor, perdura para siempre; ¡no abandones la obra de Tus manos!» *(v.138:8, NVI)*.

Rick Renner comentó: «La única cosa que te mantendrá fuera de la voluntad de Dios, es cuando te miras a ti mismo y dices: 'yo no soy mucho entre tantos'». Es poco lo que puedes hacer para conservar tu vida, pero sí puedes hacer mucho en cuanto a la amplitud y profundidad a la que quieres llevarla. 'En lo que tú crees', es la fuerza que determina lo que logres o no logres en la vida.

Podríamos medir la vida de una persona de la siguiente manera: 20 años teniendo padres preguntándole a dónde va; 40 años teniendo un cónyuge que le hace la misma pregunta; y por último, los dolientes especulando al respecto. «Si el hombre no ha descubierto algo por lo cual sería capaz de morir, no ha encajado en la vida» *(Martin Luther King Jr.)*. ¡Lánzate por completo a tu destino!

HAY ALGO PARA TI QUE DEBES COMENZAR, Y SE TE ORDENA TERMINES.

(Miles Monroe)

PREGUNTA

29

¿Qué harías hoy, si no existiera el mañana?

¡Aprovecha cada momento! «Milagros pasan cerca de ti cada día» *(Oral Roberts)*. El día de hoy fue, una vez, el futuro por el cual esperaste mucho en el pasado. Así lo apreció Horatio Dresser: «Lo ideal nunca llega. Hoy es lo ideal para quien quiere verlo así». Vive para hoy. No dejes que lo que tienes a tu alcance el día de hoy se pierda por completo, permitiendo que el futuro te llene de intriga y el pasado te desaliente.

Dar lo mejor de ti en este momento te coloca en el mejor lugar para el momento próximo. ¿Cuándo vas a vivir si no lo haces ahora? Todas las flores de mañana están en las semillas de hoy. Séneca dijo: «Comienza a vivir de una vez por todas...». Ellen Metcalf enfatiza: «Hay mucha gente que se encuentra en el lugar correcto y en el tiempo perfecto, y no se dan cuenta». Es bueno tomar tiempo para planear, pero cuando ha llegado la hora de la acción, deja de pensar y ¡actúa!

El libro de los Salmos nos persuade: «Enséñanos a

contar bien nuestros días, para que nuestro corazón adquiera sabiduría» *(v.90:12, NVI)*. Escucha lo que dice Marie Edgeworth: «No hay momento como el presente. El hombre que no ejecuta sus planes cuando los tiene frescos no puede, en un futuro, pretender poner su esperanza en ellos –éstos se disiparán, se perderán y morirán en el apuro y la carrera de la vida, o se hundirán en el pantano de la indolencia».

John Burroughs también lo resalta: «La lección que la vida repite y refuerza constantemente es: 'Mira bajo tus pies'. Siempre estás más cerca de lo que parece… la gran oportunidad es el lugar donde estás. No menosprecies tu aquí y ahora». Lo más importante en nuestra vida es lo que estamos haciendo hoy.

Conoce el valor real del día de hoy. Jonathan Swift aconseja: «Permítete vivir todos los días de tu vida». El futuro que anhelas y con el que sueñas comienza hoy. Ralph Waldo Emerson propone: «Escribe en tu corazón que cada día es el mejor día del año».

Los lamentos que la mayoría de las personas experimentan en la vida, vienen como consecuencia de no haber actuado cuando tuvieron la oportunidad de hacerlo. Ponle atención a la reflexión de Albert Dunning: «Grandes oportunidades nos llegan a todos, pero muchos no saben que las han tenido. La única preparación para tomar ventaja de ellas… es estar pendiente de lo que trae cada día».

Martial refuerza: «La vida del mañana es demasiado tarde; vive hoy». Wayne Dyer dice: «Hoy es todo lo que tenemos. Todo lo que ya pasó, todo lo las cosas que te sucederán, son simplemente pensamientos». El hoy bien vivido te prepara para dos cosas: las oportunidades y los obstáculos del mañana.

Pocos saben cómo estar a la altura de las circunstancias. La mayoría solo sabe cuando venirse abajo. Muchos se pasan los días soñando con el futuro, sin darse cuenta que un poquito del futuro llega todos los días. Ruth Schabacker dice: «Cada día viene colmado de sus propios regalos… ¡Ábrelos!».

NOÉ NO ESPERÓ QUE SU ARCA LLEGARA –EL CONSTRUYÓ UNA.

PREGUNTA

30

¿A quién amaste hoy?

Una de las cosas más maravillosas que una persona puede hacer por su Padre Celestial es ser bondadoso con Sus hijos. Servir a otros es uno de los privilegios más increíbles de la vida. Albert Schweitzer lo vio así: «...de entre ustedes, los únicos que serán realmente felices, son aquellos que han buscado y encontrado cómo servir».

Pierre de Chartin acierta: «La cosa más satisfactoria en la vida, es ser capaces de dar una gran parte de nosotros a los demás». La Biblia declara: «Es un pecado despreciar al prójimo; ¡dichoso el que se compadece de los pobres!» *(Proverbios 14:21, NVI)*. Carl Reilland afirma: «La medida en que ayudas será la medida de tu felicidad».

Busca las cosas positivas de las personas. Recuerda que ellos deben hacer lo mismo contigo. Luego, haz algo para ayudarles. Si quieres salir adelante, sé un puente, no una muralla. Ama a otros más de lo que ellos se lo merecen. Cada ser humano se presenta a nosotros como una oportunidad de servir. Todos necesitamos la ayuda de otros.

John Andrew Holmes aclara: «La población entere en el universo, con una insignificante excepción, está compuesta de otros». Con frecuencia esperamos que las demás personas practiquen la regla de oro. Tal vez la regla de oro sea antigua, pero no ha sido lo suficientemente usada como para mostrar señales de desgaste. Cometemos un error de primera clase cuando tratamos a otros como personas de segunda clase.

Cuando ayudo a alguien, también me ayudo a mí mismo. La bondad es una de las cosas más difíciles de dar; porque usualmente siempre regresa a ti. La persona que siembra semillas de bondad, disfruta de una cosecha perpetua. Henry Drummond se preguntó: « ¿Por qué será que no somos más bondadosos los unos con los otros? ¡Cuánto necesita el mundo de actos de bondad! ¡Cuán fácil es practicarla...!».

¿Quieres llevarte bien con los demás? Sé un poco más bondadoso de lo necesario. Una manera de olvidar tus propios problemas es ayudar a que otros salgan de los suyos. Cuando compartes no disminuyes, más bien, enriqueces tu vida.

Theodore Spear advirtió: «No puedes anticiparte mucho a lo que harás, si lo que quieres es darte a otros». Mientras más alto crece el bambú, menos se dobla. Martin Luther King Jr. enfatizó: «Todos pueden ser grandes... porque todos pueden servir». Cuando caminas en el fruto del Espíritu, otros pueden saborear de ese fruto. Harry Fosdick resaltó: «Una de las cosas más admirables que Jesús declaró es: '... el que quiera hacerse grande entre ustedes deberá ser su servidor...' (Mateo 20:26, NVI)». Nadie, entre mil millones, tiene la oportunidad de ser recordado como alguien realmente grande un siglo después que se ha ido; excepto aquellos que han sido siervos para todos».

«¿Te han mostrado bondad?

¡Transmítela!

¿No fue mostrada solo a ti?

¡Transmítela!

Déjala que viaje a través de los años;

déjala que limpie las lágrimas de otros.

Y hasta que en el cielo aparezca la buena obra…

¡Transmítela!»

Henry Burton

LA REGLA DE ORO NO SIRVE DE NADA A MENOS QUE TÚ, EN LO PERSONAL, LA PONGAS EN PRÁCTICA.
(Dr. Frank Crane)

31

¿Cuál es un primer paso que necesitas dar hoy para moverte hacia la dirección correcta?

Dale Carnegie puntualmente expone: «No tengas miedo de dar lo mejor de ti a lo que aparenta ser trabajos insignificantes. Cada vez que conquistas uno, te haces mucho más fuerte. Si haces bien los trabajos pequeños, los trabajos grandes te serán mucho más fáciles de lo que imaginaste». Tu futuro llega una hora a la vez. «El peldaño de una escalera nunca fue hecho con el propósito de que un pie descansara, sino para que al hombre le fuera posible subir su otro pie» (*Thomas Huxley*).

Nunca te desanimes cuando vas avanzando, no importa cuán lento pienses que vas. Solamente se cauteloso si te quedas quieto. Ser exitoso es ser una persona que hace lo que puede, con lo que tiene, en el lugar donde está. Helen Keller nos inspira a seguir su consejo: «Mi anhelo es realizar una grande y noble tarea, pero mi deber principal es lograr tareas pequeñas, como si éstas fueran grandes y nobles».

Toda gloria viene de atreverse a tomar pasos pequeños. Después de ser fiel en pasos pequeños, verás hacia atrás y podrás decir, «todavía no estamos donde queremos estar, pero ya no estamos donde estábamos antes». Julia Carney expresó: «Pequeñas gotas de agua, pequeños granos de arena, son los que forman el inmenso mar y la maravillosa playa». El autor Louis L'Amour escribió: «La victoria no se gana en millas sino en pulgadas. Gana un poco ahora, mantente firme y después gana mucho más». A menudo, Dios nos da sólo un poco. El quiere saber qué es lo que haremos cuando tengamos mucho más.

«Nadie comete un error tan grande como aquel que no hizo nada, porque lo que podía hacer era muy poco» (Edmund Burke). Las pequeñas obras llevadas a cabo son mejores que aquellas que solo han sido grandemente planeadas. Creo que Dios le pone tanta importancia a las obras pequeñas como a las obras grandes que realizas. ¿Por qué? Porque Él sabe que si eres fiel en las cosas pequeñas, las cosas grandes vendrán por sí solas.

El premio por cumplir con un trabajo es la oportunidad de hacer otro. R. Smith consideró: «La mayoría de las cosas críticas en la vida y que vienen siendo el punto de partida del destino del ser humano, son las cosas pequeñas». Haz cosas pequeñas ahora y las cosas grandes vendrán por sí solas pidiendo ser hechas.

Una cosa es segura: lo que no se intenta no funcionará. Lo más importante es comenzar, aún si el primer paso es el más difícil. Así lo describe Vince Lombardi:

«Unas pocas pulgadas hacen a un campeón». Da un paso pequeño ahora. No ignores las cosas pequeñas. El barrilete vuela gracias a su cola. Son las pequeñas cosas las que cuentan: algunas veces un pequeño pin de seguridad lleva más responsabilidad que la que lleva el presidente de un banco.

H. Storey enfatizó: «Ten por seguro que si has hecho bien las cosas pequeñas, también podrás hacer bien las grandes cosas». Considera lo que dijo Pat Robertson: «No desprecies el día de pequeños inicios, porque es cuando puedes cometer todos tus errores anónimamente». Da valor a las cosas pequeñas. Un día verás hacia atrás y te darás cuenta que esas fueron las grandes cosas. Escucha a Dante: «De una pequeña chispa puede salir una poderosa llama». Recuerda esto en tu recorrido: el perro más grande fue en su momento un cachorro.

PEQUEÑOS PASOS, ¡QUE GRAN IDEA!

PREGUNTA

32

¿Qué tienes ya en tus manos?

Comienza con lo que tienes, no con lo que no tienes. La oportunidad siempre está donde tú estás, nunca dónde estabas. Para llegar a cualquier lugar, debes lanzarte de algún lugar, o no llegas a ninguna parte. Hamilton Mabie sugiere: «La pregunta que cada hombre debe hacerse no es: ¿Qué haría si tuviera todos los medios, tiempo, influencia y ventajas en mi educación? Más bien, ¿Qué haré con las cosas que tengo?». Dios siempre nos dará habilidades para crear con lo que ya tenemos algo que necesitamos.

Mucha gente tiende a subestimar o sobrevalorar las cosas que no posee. Así lo evaluó Ed Howe: «Las personas siempre están abandonando las cosas que, efectivamente, pueden hacer y tratando de hacer las cosas que no pueden hacer». Teddy Roosevelt lo vio de esta manera: «Haz lo que sí puedes, con lo que tienes, en donde estás». La única manera de aprender algo, exhaustivamente, es comenzando desde abajo, (excepto si estas aprendiendo a nadar). Para tener éxito, no dudes en hacer lo que sí puedes hacer.

Ken Keys Jr. señaló: «Vivir molesto por lo que no tienes es desperdiciar lo que sí tienes». La verdad es que muchos llegan a ser exitosos como resultado de no tener las ventajas que otros tuvieron. La gente que levanta una empresa y lo logra, lo hizo porque se lanzó aún antes de estar listo.

Epicuro sabiamente advierte: «No eches a perder lo que tienes deseando lo que no tienes, pero recuerda: las cosas que ahora tienes fueron, alguna vez, las cosas que solo deseaste». Henri Amiel observó: «Casi todo viene de casi nada».

Ningún avance es tan eficaz como el que procede del uso correcto y oportuno de lo que ya tienes. Mike Murdock enfatiza: «Cualquier cosa que Dios ya te haya dado creará alguna otra cosa que Él te haya prometido». Todo el que ha llegado al éxito, ha tenido que empezar de donde estaba.

La verdad es que, no puedes saber qué es lo que puedes hacer hasta que lo intentes. Lo más importante para alcanzar tu sueño es comenzar exactamente dónde estás. Justamente lo expone Edward Hale: «… No puedo hacerlo todo, pero sin embargo, hay algo que sí puedo hacer; y como no puedo hacerlo todo, no me rehusaré a hacer ese algo que sí puedo hacer».

EL ÚNICO LUGAR PARA EMPEZAR ES DONDE ESTÁS.

PREGUNTA

33

¿Hay alguna cosa de la que no quieras arrepentirte?

«Por muchos años, 'La seguridad primero' ha sido el lema de la raza humana… pero nunca ha sido el lema de los líderes. Un líder tiene que enfrentar el peligro. Él tiene que tomar el riesgo, la responsabilidad y enfrentar el impacto más fuerte de la tormenta» *(Herbert Casson)*. Si quieres ser exitoso debes, ya sea tener una oportunidad o tomarla. No puedes sacar tu cabeza del agua sin nunca estirar el cuello.

Un sueño que no incluye riesgo no es digno de ser llamado sueño. Halifax lo expone así: «El hombre que no deja nada al azar hará pocas cosas mal; pero hará muy pocas cosas». Si nunca tomas riesgos, nunca lograrás grandes cosas. Todos morimos, pero no todos hemos vivido.

C.S. Lewis nos alerta: «El camino más seguro al infierno es el que progresa paulatinamente –la pendiente fácil de subir, la que no lastima los pies al caminar, sin curvas peligrosas, sin retornos repentinos, sin señales, ni letreros». Elizabeth Kenny estimó: «Es mejor ser león por un día que ser una oveja toda tu vida». Si no te arriesgas a nada, la esperanza es algo innecesario en tu vida.

Si no arriesgas nada, arriesgas mucho más. John Newman escribió: «El cálculo nunca ha hecho al héroe». Cada persona tiene la oportunidad de mejorarse a sí misma, pero algunos simplemente no son partidarios de tomar riesgos. Como dice Lois Platford: «Tienes toda una vida para ser precavido; luego te mueres». Estar destinado para la grandeza requiere que tomes riesgos y enfrentes grandes peligros.

Siempre fallas el 100% de los tiros que no disparas. El consejo de Stemmons es: «Cuando tus posibilidades son escasas o ninguna…toma la escasa». Morris West advierte: «Si te pasas la vida entera esperando por una tormenta, nunca disfrutarás de la luz del sol». Nadie alcanza la cima si no se arriesga.

Escucha a Conrad Hilton: «Apoyo la audacia; porque el peligro de la antigüedad y planes de pensión tientan a un hombre joven a establecerse en una rutina llamada seguridad sin oportunidad de encontrar su propio arcoíris». Chuck Yeager exhorta: «No te concentres en los riesgos; concéntrate en los resultados. Ningún riesgo es tan grande como para impedir que el trabajo necesario sea hecho».

Cada vez que veas a una persona exitosa, te garantizo que esa persona tomó riesgos e hizo decisiones atrevidas. El éxito va a favor de la audacia. El mundo es un libro donde aquellos que no toman riesgos, leen solamente una página. David Mahoney incita: «Rehúsa a unirte a la multitud cautelosa que juega para no perder. Juega a ganar».

Metastasio señaló: «Cada noble adquisición va acompañada de su propio riesgo; aquel que tiene miedo de enfrentar un sólo riesgo, no debería tener expectativas de que venga el próximo». Escucha a Tommy Barnett: «Mucha gente cree que realmente estás caminando por fe cuando no hay riesgo alguno; pero la verdad es que mientras más tiempo caminas con Dios... más grande es el riesgo». Si te das cuenta que en tu vida nunca has sentido miedo, vergüenza, decepción, o heridas, eso significa que nunca has tomado riesgos y has dejado por un lado tus oportunidades.

David Viscot escribió: «Si tu vida alguna vez va a mejorar, tendrás que tomar riesgos. Simplemente no hay manera de crecer sin tomar riesgos». Tienes la oportunidad de mejorarte a ti mismo. Solamente cree en correr riesgos y tomar tus oportunidades.

SEGURIDAD... LO ÚLTIMO.

PREGUNTA

34

¿Cómo se vería tu vida si tú fueras la persona más y más agradecida que conoces?

Si la única oración que elevaras durante toda tu vida fuera 'gracias', pienso con toda probabilidad que sería más que suficiente. ¿Tienes una actitud de gratitud? Si aprendiéramos a no estar pensando tanto, aprenderíamos a agradecer más. De todos los sentimientos humanos, la gratitud es uno de los que tienen la memoria más corta.

Cicerón observó: «Un corazón agradecido no solo es la mayor virtud, es la madre de todas las demás virtudes». El grado en el que tú eres agradecido, es el indicador que mide tu salud espiritual. Max Lucado escribió: «El diablo no tiene que robarte nada, todo lo que tiene que hacer es que tú no aprecies las cosas». Cuando cuentas todas tus bendiciones, siempre encontrarás ganancia.

Reemplaza el lamento por gratitud. Sé agradecido por lo que tienes, no malagradecido por lo que no tienes. Si no puedes estar agradecido por lo que tienes, sé agradecido por las veces que te has librado de algo. Henry Ward Beecher concluyó: «El malagradecido... no descubre misericordias; pero el corazón agradecido... encontrará a cada hora, alguna bendición del cielo». Mientras más te quejas menos recibes.

«Si obtenemos todo lo que queremos, pronto no querremos nada de lo que tenemos» *(Vernon Luchies)*. Si no disfrutas lo que tienes, ¿cómo podrás ser feliz con más? Francis Schaeffer resalta: «El inicio de la rebelión del hombre en contra de Dios fue, y es, la carencia de un corazón agradecido». La semilla del desaliento no hará brotar un corazón agradecido. Erich Fromm afirmó: «La avaricia es como un pozo sin fondo, que agota a la persona en un interminable esfuerzo por satisfacer una necesidad, sin poder jamás alcanzar la satisfacción».

Epicuro reflexionó: «Nada es suficiente para el hombre que piensa que suficiente es muy poco». Una señal segura de mediocridad es ser moderado con nuestro agradecimiento. Nunca te encuentres tan ocupado, como para pedirle a Dios favores que nunca tendrás tiempo de agradecerle. Me identifico con lo que dijo Joel Budd: «Me siento como si hubiera sido yo quien haya escrito '*Gracia Admirable*'».

«La felicidad siempre parece pequeña mientras la tienes en tus manos, pero suéltala, y aprenderás prontamente qué tan grande y preciosa es» *(Maxim Gorky)*. Creo que deberíamos tener la actitud de George Hubert: « ¡Tú, oh Señor, me has dado tanto!, dame una cosas más –un corazón agradecido». La Biblia dice en Salmos: «Lleguemos ante Él con acción de gracias, aclamémoslo con cánticos» *(Salmo 95:2, NVI)*. Nuestras peticiones a Dios deberían, siempre, anteponerse a una oración de gratitud. La Biblia nos desafía en el libro de 1 Tesalonicenses 5:18 «Den gracias a Dios en toda situación... ».

El hecho es que, típicamente, ofrecemos muy pocas oraciones de gratitud y de alabanza. No llegues al final de tu vida diciendo: ¡Qué vida tan maravillosa he tenido! ¡Solo hubiera deseado haberme dado cuenta antes y haberla realmente apreciado!

¿CUENTAS TUS BENDICIONES, O PIENSAS QUE TUS BENDICIONES NO CUENTAN?

PREGUNTA

35

¿Estás viendo hacia delante?

Si te mantienes viendo hacia atrás, pronto estarás yendo en esa dirección. Mike Murdock lanza el desafío: «Deja de ver dónde has estado, y comienza a verte donde puedes estar». Tu destino en la vida siempre está delante, nunca atrás. Katherine Mansfield aconsejó: «Que una regla en tu vida sea: nunca lamentarte y nunca mirar atrás. Lamentarse es un terrible derroche de energía. No puedes edificar nada sobre los lamentos; para lo único que sirve es para que revolotees en ellos».

Considera las palabras de Apóstol Pablo: «Hermanos, no pienso que yo mismo lo haya logrado ya. Mas bien, una cosa hago: olvidando lo que queda atrás y esforzándome por alcanzar lo que está delante, sigo avanzando hacia la meta para ganar el premio que Dios ofrece mediante su llamamiento celestial en Cristo Jesús» *(Filipenses 3:13-14, NVI)*. Cuando actúas basado en tus experiencias pasadas, eres más vulnerable a cometer errores. Pensamientos de felicidad no pueden invadir tu futuro si tu mente está invadida por la infelicidad del pasado.

Cuenta un agricultor que su mula retrocedía completamente cada vez que la arreaba para avanzar –esto también es una verdad para mucha gente el día de hoy. ¿Estás retrocediendo queriendo avanzar? Phillip Raskin dijo: «El hombre que desperdicia hoy lamentándose de ayer, desperdiciará mañana lamentándose de hoy». Olvídate ya del tiempo pasado. Deja atrás la añoranza de los 'tiempos dorados'.

El pasado siempre será de la manera que fue. No trates de cambiarlo. Tu futuro contiene más felicidad que cualquier cosa que puedas recordar del pasado. Cree que lo mejor está por venir.

Oscar Wilde refirió: «Ningún hombre es lo suficientemente rico como para comprar su pasado». Considera lo que dijo William R. Inge: «Los eventos del pasado podrían estar más o menos divididos en aquellos que, probablemente, nunca sucedieron y aquellos que no tienen importancia». Mientras más miras hacia atrás, menos te permitirás ir hacia delante. Thomas Jefferson lo dijo: «Me gustan más los sueños del futuro que la historia del pasado». Muchos 'han sido' viven en la fama de su reputación.

Hubert Humphrey preponderó los buenos tiempos diciendo: «Los viejos tiempos nunca fueron tan buenos, créeme. Los buenos y nuevos tiempos son el día de hoy; y mejores tiempos vendrán mañana. Nuestras mejores canciones aún no han sido cantadas». Te darás cuenta que cuando estás deprimido es porque estás viviendo en el pasado. ¿Cuál es una señal segura de estancamiento en tu vida? Cuando vives en el pasado a costa del futuro –paras de crecer y comienzas a morir.

Estoy de acuerdo con el consejo de Laura Palmer: «No desperdicies el día de hoy lamentándote del ayer. Haz más bien una remembranza que te ayude para el día de mañana». David McNally lo propone así: «Tu pasado no puede ser cambiado, pero puedes cambiar tu mañana con tus acciones de hoy». Nunca dejes que el ayer casi acabe con el hoy. Satchel Paige nos previene: «No mires atrás. Algo de eso pueda ser que quiera enraizarse en ti».

«Vivir en el pasado es un negocio aburrido y solitario; mirar hacia atrás te hace estirar los músculos de tu cuello, causando que tropieces con personas que no están yendo en tu misma dirección» (Edna Ferber). La primera regla para la felicidad es: Evita darle largas a los pensamientos del pasado. Nada está tan lejos como hace una hora. Charles Kettering agregó: «No puedes tener un mañana mejor si todo el tiempo estás pensando en el ayer». Tu pasado no puede compararse con tu futuro.

NO HAY FUTURO EN EL PASADO.

PREGUNTA

36

¿Te gusta el tono de tu voz? ¿Cómo suena cuando te quejas?

Recientemente vi un rótulo publicitario que mostraba un pez róbalo. Graciosamente colocaron un aviso en su gran boca abierta que decía: «Si hubiera mantenido mi boca cerrada no estaría aquí». ¡Qué verdad! Lo que decimos es importante. El Libro de Job nos recuerda: «Las palabras justas no ofenden...» (Job 6:25a, NIV). Déjame plantearte esta pregunta: ¿Qué pasaría si cambiaras lo que dices acerca de 'tu mayor problema' y lo conviertes a 'tu mayor oportunidad'?

Nuestra oración a Dios debería ser: «Oh Señor, llena mi boca con palabras que valgan la pena y dame un codazo cuando ya haya dicho lo suficiente». Proverbios amonesta: «El necio da rienda suelta a su ira, pero el sabio sabe dominarla» (v. 29:11, NVI). Es bueno hablar menos de lo que sabes. Nunca dejes a tu lengua decir algo por lo cual tu cabeza pagará más adelante. La distancia entre la lengua y el cerebro es solamente unas cuantas pulgadas de distancia, pero al escuchar hablar a algunas personas, parecen millas de distancia. La lengua corre tan rápido cuando el cerebro está en neutro.

Un entrenador de atletismo de secundaria, estaba teniendo dificultades para motivar a su equipo a que hiciera su mejor papel. El equipo había ganado cierta reputación, porque en cada competencia en la que participaba quedaba en el último lugar. Uno de los factores que estaba contribuyendo al fracaso, más que al éxito, era la táctica que el entrenador estaba usando en sus charlas. Su herramienta más efectiva e inspiradora era, según él, decirle a su equipo «Manténganse girando hacia su izquierda y regresen rápidamente». Tus palabras tienen poder para iniciar incendios o extinguir pasiones.

Elige que tu manera al hablar sea con palabras positivas, amables y motivadoras. Pascal recita: «Las palabras amables no cuestan mucho. Nunca ampollan la lengua o los labios. Nunca se ha sabido que surjan problemas mentales de dichos cuadrantes. Aunque no cuestan mucho, logran grandes cosas. Las palabras amables hacen emerger la buena naturaleza en otros. También reproducen su imagen en el alma del hombre, y que bella imagen es esta». El señor Wilfred Renfell lo condensa así: «Comienza un viaje de amables palabras y nunca podrás descifrar hasta dónde llegará la bondad de ellas».

«Las palabras 'yo soy' son palabras poderosas; ten cuidado qué quieres atraer con ellas. Lo que tú exiges tiene la habilidad de regresar a ti y exigírtelo a ti» (A.L. Kietselman). En ocasiones, tus peores enemigos y tus amigos de más confianza son las palabras que te dices a ti mismo. Henry Ward Beecher formuló: «Una palabra de ayuda para alguien que está en problemas es, con frecuencia, como el interruptor en las vías del tren… una pulgada entre la ruina y el alivio». Johann Lavater nos persuade: «Nunca digas nada malo de un hombre si no tienes la certeza de lo que vas a decir; y si tienes la certeza, pregúntate a ti mismo, '¿por qué debería decirlo?'».

Hay vida y muerte en el poder de la lengua. ¿Qué palabras tienen el mayor efecto de poder en ti? George Burnham acertó al decir: «'No puedo hacerlo' nunca logró nada. 'Voy a intentarlo' ha hecho maravillas».

NO HAGAS QUE TU BOCA SEA LA PRIMERA EN SALTAR HACIA UN PROBLEMA.

P R E G U N T A

37

¿Qué has dejado de hacer que necesitas retomar?

«El mundo siempre te dará oportunidades para rendirte, pero solamente el mundo llama rendirse a una oportunidad» *(Clint Brown)*. Cuando es tiempo de intentar, mucha gente deja de intentarlo. Uno de los más potentes principios que se haya predicado jamás es el siguiente: ¡Nunca te rindas!

Como autor, tengo el privilegio de autografiar muchos libros. Algo que me gusta es escribir expresiones de ánimo antes de dejar mi firma. Una de las expresiones de ánimo que uso con más frecuencia es: ¡Nunca te rindas! Joel Budd lo vio así: «Sin ninguna duda, éste no es el final, a menos que tú lo digas». Richard Nixon lo expresó de esta manera: «Un hombre no está acabado cuando lo derrotan; está acabado cuando se rinde».

Nada ni nadie puede mantenerte abajo a menos que tú decidas no volver a levantarte. H.E. Jansen observó: «El hombre que gana quizá ya se le ha concedido el conteo final varias veces, pero no escucha al réferi». Encuentra la manera *de*, no la manera *de no*. Un hombre holgazán siempre es juzgado por lo que no hace. La elección de rendirse o seguir adelante es un momento crucial en tu vida. No puedes retrasar el reloj. Lo que sí puedes hacer es volver a darle cuerda.

Tengo el privilegio de conocer a Peter Lowe, fundador del muy exitoso 'Seminarios Exitosos' [*Success Seminars*]. Mientras hablábamos, él comentó: «La característica más común que he encontrado en la gente que tiene éxito, es que han conquistado la tentación a rendirse». Una de las mejores maneras de darte a ti mismo una mejor oportunidad, es levantarte cuando te sientes derrumbado.

Muchas personas paran más rápido de lo que empezaron. En lugar de detenerte, sigue este proverbio inglés: «No te caigas antes de que te hayan empujado». Margaret Thatcher aplicó el principio de no rendirse cuando dio el siguiente consejo: «Es muy probable que tengas que pelear una batalla más de una vez para finalmente ganarla». David Zucker lo calificó así: «Ríndete ahora y nunca lo lograrás. Si deshechas este consejo ya te has quedado a la mitad del camino».

'¡No puedo!' es la conclusión del necio. Escucha a Clare Booth Luce: «No hay situaciones sin esperanza, solamente hombres que anidan para sí mismos la desesperanza». Admiral Chester Nimitz oró: «Dios, dame el valor para no renunciar a lo que creo que es correcto, incluso cuando pienso que no hay esperanza». Rendirse es la tragedia más grande. El famoso boxeador, Archie Moore, se apercibió: «Si me llego a salir del cuadrilátero, perderé la pelea».

La elección es simple. Puedes ponerte de pie y ser

tomado en cuenta, o acostarte y ser ignorado. La derrota nunca viene a la gente sino hasta que la gente la admite. Tu éxito será medido por tu deseo de seguir intentando.

TEN EL VALOR DE VIVIR. LA MAYORÍA SE RINDE.

PREGUNTA

38

Si alguien te pregunta: ¿Cómo estás? ¿Cuál es tu respuesta?

¿Te has dado cuenta que hay gente que conoces que se encuentra exactamente en el mismo lugar donde estaba hace cinco años? Tienen los mismos sueños, los mismos problemas, las mismas excusas, las mismas oportunidades y la misma manera de pensar. Están estáticos en la vida.

Muchas personas, literalmente, desconectan sus relojes en un momento determinado y permanecen en ese momento fijo el resto de sus vidas. El deseo de Dios es que crezcamos, que sigamos aprendiendo y mejorando. La habitación más grande en nuestra casa es la que siempre tiene espacio para mejoras.

Un famoso dicho dice: «Lo que realmente cuenta es lo que aprendes después de saberlo». Tengo que admitir que de alguna manera soy un fanático de esto. No me gusta perder el tiempo –tiempo en el cual no estoy aprendiendo nada. Las personas que están a mí alrededor y me conocen, saben que al menor intento de ociosidad que pueda surgir lo ocuparé en leer o escribir algo. De hecho, trato de aprender de cada persona. De algunos quizá aprendo a qué no hacer, mientras que de otros aprendo qué sí hacer. Aprende de los errores de otros. No puedes vivir lo suficiente como para poder cometer todos los errores tú mismo. Puedes aprender más de un hombre sabio cuando se equivoca, que de un hombre necio que está en lo correcto.

Goethe puntualizó: «Todos quieren ser alguien: nadie quiere crecer». Van Crouch asevera: «Nunca cambiarás tus acciones hasta que cambies tus pensamientos». Una buena manera de seguir creciendo es que nunca pares de hacer preguntas. La persona que tiene miedo de preguntar, tiene vergüenza de aprender. Solamente las mentes hambrientas pueden crecer. Todos deberíamos saber nuestro punto de partida, hacia qué dirección vamos y por qué.

Aprendamos como si fuéramos a vivir por siempre y a vivir como si fuéramos a morir mañana. Harvey Ullman señala: «Todo aquel que deja de aprender se envejece, no importa si esto sucede a los 20 ó a los 80. Todo aquel que sigue aprendiendo, no solamente permanece joven, sino que también llega a ser consistentemente más valioso, independientemente de sus capacidades físicas». A Timoteo se le ordena: «Esfuérzate por presentarte a Dios aprobado, como obrero que no tiene de que avergonzarse y que interpreta rectamente la palabra de verdad» *(2 Timoteo 2:15, NVI)*. El aprendizaje trae aprobación a tu vida.

Aprende a ver en los desafíos de los demás los problemas que deberías evitar. La experiencia es una posesión del presente que nos impide repetir el pasado en nuestro futuro. La vida nos enseña a través de pasar por nuevos problemas antes de resolver los viejos. Te hago la siguiente pregunta: ¿La educación es cara o difícil? Escucha a Derek Bok: «Si piensas que la educación es cara –prueba con la ignorancia…».

LECTOR DE HOY, LÍDER DEL MAÑANA.

(W. Fusselman)

PREGUNTA

39

¿Cuándo fue la última vez que dijiste: '¡Dios mío... lo logré!'?

El presentador del tradicional show radial, Rush Limbaugh, se ha hecho un gran nombre por su colección de corbatas extravagantes 'Sin Límites' ('*No Boundaries*'). Qué gran lema para vivir nuestras vidas. Deberíamos hacer aquellas cosas que nos sacan de nuestra zona de confort. Sé como David enfrentando a Goliat; encuentra un gigante y derríbalo. Escoge siempre un obstáculo lo suficientemente grande, no importa cuándo lo venzas.

Hasta que no des tu vida a una gran causa, no habrás realmente comenzado a vivir plenamente. Henry Miller comentó: «El hombre que busca la seguridad, incluso en su mente, es como un hombre que se corta las extremidades para tener unas artificiales que no le causen dolor ni problemas». Una persona realista nunca realizará nada trascendental. De los grandes placeres que puedes disfrutar, hacer lo que la gente dice que no puedes hacer puede ser uno de los más placenteros.

La tradición ofrece carencia de esperanza para el presente y no se prepara para el futuro. Amplía tu horizonte – acreciéntalo día tras día y año tras año. Toma en cuenta lo que Russell Davenport observó: «El progreso, en las diferentes épocas, viene como resultado de que algunos hombres y mujeres rehusaron creer que lo que ellos conocían como correcto no podría llevarse a cabo».

Conoce las reglas, luego, rompe algunas y muestra algo nuevo. Descubre nuevas cosas. Melvin Evans remarcó: «Los hombres que construyen el futuro son aquellos que saben que mejores cosas están por venir, y que ellos mismos ayudarán a que estas cosas vengan. El brillante sol de la esperanza ilumina sus mentes. Nunca se detienen a dudar. No tienen tiempo».

Involúcrate en algo más grande que tú mismo. Dios nunca ha tenido a nadie suficientemente calificado trabajando para Él. «Nosotros somos los cables, Dios es la corriente. Nuestro único poder es permitir que la corriente pase por medio de nosotros» *(Carlo Carretto)*. Sé una mente a través de la cual Cristo piense; un corazón a través del cual Cristo ame; una voz a través de la cual Cristo hable; una mano con la cual Cristo ayude.

Si realmente quieres defender lo que crees, vívelo. Dorothea Brand afirmó: «Todo lo que se necesita para romper el hechizo de la inercia y frustración es lo siguiente: 'Actúa como si fuera imposible fallar…'». Gira en dirección contraria, de tal modo, que el giro que des, convierta el fracaso en éxito. Mantén la fórmula en mente: «Siempre actúa como si fuera imposible fallar».

HAZ LO QUE LOS DEMÁS DICEN QUE NO SE PUEDE HACER.

PREGUNTA

40

¿En qué eres increíblemente bueno?

Debido a los viajes frecuentes que hago, tengo la oportunidad de pasar largos segmentos de tiempo en los aeropuertos. Inevitablemente, cuando estoy en un aeropuerto, noto a cantidades de gente que parecen ir tan a prisa hacia ningún lado. ¿No es increíble que muchas personas dediquen su vida completa a tratar de desenvolverse en ámbitos que no tienen nada que ver con los talentos que Dios les ha dado? Increíblemente, muchos, básicamente, se pasan su vida entera tratando de cambiar la manera en que Dios los hizo.

Dios sabía lo que estaba haciendo cuando te favoreció con dones, talentos y fortalezas específicas. El libro de Corintios afirma: «...cada uno tiene de Dios su propio don...» *(v.7:7, NVI)*. Marco Aurelio dijo: «Ten plena cuenta de las excelencias que posees y en gratitud, recuerda cómo las anhelarías si no las tuvieras».

Baltasar Gracian reflexionó: «Si cuentas todos tus bienes, siempre encontrarás ganancias. Aprovecha las oportunidades para usar tus dones. Examínate, esto siempre trae tus talentos a luz». Nunca te juzgues a ti mismo por tus debilidades. Concuerdo con Malcolm Forbes, quien sostuvo: «Demasiadas personas sobrevaloran lo que no son y subestiman lo que son». Eres más rico de lo que piensas que eres.

Nathaniel Emmons dijo: «Una razón principales del porqué muchos hombres se vuelven inútiles es porque, con frecuencia, reniegan de su propia profesión o llamado, y dividen su atención en mil asuntos, o la dirigen a pasatiempos». Lo mejor siempre surgirá dentro de ti cuando apuntas hacia los mejores dones que Dios te ha dado. Así lo dice William Matthews: «Un talento bien cultivado, profundizado y ampliado, vale más que cien talentos superficiales».

Muchas son las personas que toman en cuenta solamente sus deseos, nunca toman en cuentas sus talentos y habilidades. Profundiza en ti mismo. Si eres músico, haz música; si eres maestro, enseña. Sé lo que tú eres, y estarás en paz contigo mismo. William Boetcher declaró: «Mientras más aprendas a qué hacer contigo mismo y cuanto más hagas por los demás, más aprenderás a disfrutar de una vida abundante». Haz lo que es más natural para ti. Yoruba usa esta frase, cruda, pero real: «No puedes hacer que un cerdo deje de revolcarse en el lodo».

Sydney Harris observó: «Noventa por ciento del infortunio del mundo proviene de gente que no se conoce a sí misma; no conoce sus habilidades, sus flaquezas, ni aún, sus verdaderas virtudes». No esperes nada original de un eco. Musset expresó: «Qué glorioso es, y también qué doloroso –ser una excepción». Billy

Walder agregó: «Confía en tu propio instinto; aun tus errores deben ser solamente tuyos y de nadie más». Abraham Lincoln expresó: «Lo que quiera que seas, sé el mejor».

E. E. Cummings aconsejó: «Ser tú mismo –en un mundo que está haciendo su mejor esfuerzo, día y noche, para convertirte en alguien que no eres– significa que tienes que pelear la peor batalla que cualquier ser humano puede pelear y nunca parar de pelear». El punto fundamental es ¡sé tú mismo!

SÉ LO QUE ERES.

Palabras Finales

'Las respuestas más importantes en la vida' está basado en formularte preguntas correctas. Creo que cada respuesta que buscas está a tu disposición, esperando ser descubierta por las preguntas correctas.

Aplica estas preguntas y observa cómo se expande tu vida y tu negocio. Compártelas con otros de tu equipo y con aquellos con quienes tienes una relación.

Finalmente, mientras lees estas páginas y te haces estas 'preguntas para cambiar tu vida', asegúrate de hacer algo con las respuestas.

Acerca del autor
John Mason

John Mason figura en la lista de autores de libros nacionales más vendidos en Estados Unidos. Orador reconocido, capacitador y autor ejecutivo. Fundador y presidente de *'Insight International'* e *'Insight Publishing Group'*.

Autor de catorce libros, incluyendo 'An Enemy Called Average' (Un Enemigo Llamado Promedio), 'You're Born an Original – Don't Die A Copy' (Naciste Original – No Mueras Siendo Una Copia) y 'Know Your Limits – Then Ignore Them' (Conoce tus límites –Luego Ignóralos); de los cuales se han vendido más de 1.5 millones de copias y han sido traducidas a treinta y ocho idiomas alrededor del mundo. Estos libros son bien conocidos como una fuente de sabiduría de Dios, una sana motivación y principios prácticos.

Sus escritos han sido publicados dos veces en *Reader's Digest*, junto con otras numerosas publicaciones nacionales e internacionales. Cinco de sus libros han alcanzado el puesto #1 en la lista de los más vendidos de Amazon [#1 Amazon Best-seller list].

Por su vivacidad y audacia, su pensamiento eficaz y su clara percepción, John Mason es un orador notable en todo Estados Unidos y alrededor del mundo.

John y su esposa, Linda, tienen cuatro hijos: Michelle, Greg, Michael y David. Residen en Tulsa, Oklahoma.

Insight International
www.freshword.com
contact@freshword.com

Encuentra tu inspiración, aprende más acerca de ti mismo y aprovecha lo que te motiva a ser mejor.

Obtén más información sobre nuestros títulos emocionantes y autores de clase mundial al visitar nuestro Facebook y suscribirte a nuestro boletín mensual.

INSPIRAR, EDUCAR, MOTIVAR

Editorial RENUEVO

www.editorialrenuevo.com
www.facebook.com/editorialrenuevolibros